HARTUNG ET LES PEINTRES LYRIQUES

T1989-L49, 1989
Acrylique sur toile, 195 x 130 cm
Détail reproduit en couverture

SCHNEIDER
GOTTLIEB
DE KOONING
WINTER
DEGOTTEX
MATHIEU
HANTAÏ
JAFFE
TWOMBLY
FRANKENTHALER
POLKE
TRAQUANDI
OEHLEN
WOOL
ZURSTRASSEN
VON HEYL
BRADLEY

HARTUNG ET LES PEINTRES LYRIQUES

FONDS
HÉLÈNE&ÉDOUARD LECLERC
POUR LA CULTURE

Cet ouvrage est publié à l'occasion
de l'exposition
Hartung et les peintres lyriques
produite et présentée par
le Fonds Hélène & Édouard Leclerc
pour la Culture,
présidé par Michel-Édouard Leclerc,
aux Capucins à Landerneau,
du 11 décembre 2016 au 17 avril 2017

Commissaire
Xavier Douroux

Exposition réalisée en collaboration
avec le Consortium, Dijon
et la Fondation Hartung-Bergman,
Antibes

Le Consortium
· centre d'art ·

CATALOGUE

Sous la direction de Michel-Édouard Leclerc
Direction scientifique
Xavier Douroux
Conception graphique
Yannick Le Cam / Rodhamine
Photogravure
Quat'Coul
Impression
Cloître Imprimeurs

EXPOSITION

Scénographie
Éric Morin, architecte scénographe
Conception graphique
Yannick Le Cam / Rodhamine
Conservation
Nathalie Giffard de la Jaille, restauratrice

Achevé d'imprimer en octobre 2016
sur les presses de Cloître Imprimeurs,
Saint-Thonan
ISBN 979-10-96209-00-2
Dépôt légal 4e trimestre 2016

PRODUCTION

Pour le Fonds Hélène & Édouard
Leclerc pour la Culture

Direction
Marie-Pierre Bathany
Administration
Maïwenn Carpier
Expositions
Mari Anna Bourgès
Amandine Vincendeau
Médiation
Katell Mancec
Pauline Ignacio
Communication
Clémence Pelleteur
Éditions
Jane Le Guennec
Accueil relations publiques
Aurélie Guigot
Librairie
Claire Cotten
Régie
Pauline Uguen
Comptabilité
Sharon Le Poidevin

Communication – relations presse
Claudine Colin Communication, Paris

Pour Le Consortium,
Dijon

Direction
Xavier Douroux
Franck Gautherot
Eric Troncy
Administratrice
Irène Bony
Chargée des expositions
Géraldine Minet

Pour la Fondation
Hartung-Bergman, Antibes

Direction
Thomas Schlesser
**Conseil et coordination
scientifique**
Bernard Derderian
et Jean-Luc Uro
**Coordination de rédaction
et communication**
Elsa Hougue
Régie des œuvres
Roland Massenhove

Exposition réalisée avec le concours de

Sommaire

Entretien

Michel-Édouard Leclerc
Président du Fonds Hélène & Édouard Leclerc
pour la Culture
Xavier Douroux
Directeur du centre d'art contemporain Le Consortium,
Commissaire de l'exposition
Thomas Schlesser
Directeur de la Fondation Hartung-Bergman

L'atelier d'Antibes, 1976
Photographie de Hans Hartung

MICHEL-ÉDOUARD LECLERC — Comment décririez-vous Hans Hartung en tant que personne ?

THOMAS SCHLESSER — C'était un homme robuste, très bon nageur, sportif, et même plutôt athlétique. Et il n'en fallait pas moins pour manier par exemple les pinceaux géants fabriqués avec des branches de genêt qui ont donné naissance à des séries particulièrement belles et spectaculaires au début des années 1980 — séries exposées à Landerneau. Il se saisit du pinceau à bout de bras, lourd et volumineux, le trempe dans la peinture noire puis projette la matière, l'étale et la triture sur des surfaces parfois très grandes. Hartung avait perdu une jambe lors du siège de Belfort en 1944, alors qu'il était dans la Légion étrangère. Brancardier, il secourait un homme de son unité lorsqu'il a été blessé. Cela n'a pas été sans conséquence dans sa vie d'artiste. Il a fallu procéder à des adaptations matérielles, mais cela n'a affecté ni son énergie, ni ses qualités physiques.

XAVIER DOUROUX — Il était affable et posé, parlait un très bon français, avec l'accent allemand. Il était très accueillant avec ceux qui lui rendaient visite, parlait volontiers de lui et de son art. Mais il faisait en même temps toujours preuve de beaucoup de distance : il avait conscience d'être un peintre très important de son époque, mais gardait toujours une certaine retenue et ne cédait jamais à sa propre héroïsation. Au regard de sa vie, il aurait pu : il a connu les deux guerres mondiales, dont l'une au combat ; né à Leipzig en 1904, dans une zone qui sera ensuite intégrée à l'Allemagne de l'Est, il ne pourra jamais y retourner dans la seconde partie de sa vie. Il meurt quelques semaines après la chute du Mur de Berlin, alors qu'il continue à peindre, obstinément. Il a vraiment connu de près et accompagné la grande Histoire.

Xavier Douroux, Thomas Schlesser, Michel-Édouard Leclerc dans l'atelier
de Hans Hartung (Fondation Hartung-Bergman) devant *T1989-R17*

MEL — Les ateliers et maisons d'artistes ont ceci
de fondamental et de singulier qu'ils donnent à être au
plus près d'une personnalité, à la sentir exister,
à continuer de s'incarner, même après sa disparition.
Pouvez-vous dire un mot plus précis de l'endroit où
se trouve la Fondation Hartung-Bergman ?

TS — Hans Hartung et sa femme Anna-Eva Bergman
vivaient ensemble à Paris depuis leurs retrouvailles
en 1952 (mariés une première fois en 1929, ils avaient
divorcé en 1938). En mars 1961, ils achètent un grand
terrain à Antibes en vue d'y construire une villa et
leurs ateliers respectifs. Hartung vient d'obtenir une
importante récompense : le Grand Prix de peinture à
la 30ᵉ Biennale de Venise, ce qui consacre quarante ans
de production artistique et l'installe définitivement
dans l'Histoire. Il avait déjà démontré un vrai talent
d'architecte à deux reprises : avec Bergman, il avait fait
construire une magnifique maison aux Baléares en
1933 et surélevé une maison cubique rue Gauguet

à Paris en 1958. Il va cette fois travailler à l'élaboration
des plans pendant plusieurs années en épuisant de
nombreux architectes. Le chantier aboutit en 1973.
Le couple s'y installe alors et y finira ses jours.

XD — On doit noter qu'il y a, topographiquement,
une séparation très nette — marquée par un champ
d'oliviers en pente — entre ce qui constitue les lieux
de vie et les lieux dévolus au travail, à la création.
Il n'y a aucun amalgame entre les deux. Et c'est un
indice très intéressant sur l'art de Hans Hartung.
Son lyrisme n'est pas celui d'une confusion éruptive
entre l'art et la vie. Hartung entre dans le travail
de manière très rigoureuse, très méthodique, pour être
présent « au tableau ».

TS — Il faut insister sur le fait que, dans cette dernière
phase de son parcours, Hartung continue plus que
jamais de créer, tout en profitant d'une très agréable
qualité de vie. Mais il a surtout, avec cette grande
propriété d'Antibes, l'opportunité de rassembler en

un même espace son œuvre, l'appareillage pour la traiter et la conserver au mieux, ses archives, une équipe administrative. Cette villa, en dehors de sa beauté, est donc un endroit essentiel, car elle est pour Hartung à la fois tendue vers le présent (c'est un lieu où il fait bon être, recevoir, profiter), vers le passé (c'est un espace de conservation de toute une existence), et vers l'avenir : c'est là en effet que s'élabore une œuvre qui ne cesse de se renouveler.

XD — Cet aspect du renouvellement permanent est très important et ne date pas des années antiboises. Ce qui frappe en examinant la carrière de Hartung, c'est tout ce qu'il expérimente dans son trajet : alors qu'il est encore lycéen, en 1922, il réalise des aquarelles de couleurs en découvrant par lui-même l'abstraction ; il adopte ensuite un style auquel les historiens accolent un peu rapidement le terme « expressionniste », très nerveux, brutal et outrancier, s'intéresse au cubisme synthétique ; et puis à partir des années 1930, il adopte l'abstraction, qu'il ne va plus jamais abandonner pendant six décennies. Mais cette abstraction va vivre. Elle passe par une grande variation de techniques et une totale disponibilité aux formes qu'elle peut générer.

MEL — Dans l'atelier de Hartung, on découvre des dizaines et des dizaines d'outils inattendus. Ce ne sont pas des pinceaux et des palettes, mais des lames en tout genre, des pistolets de carrossier, des brosses usées, des balais surmontés de branchages et quantité d'ustensiles de maçonnerie ou de jardin tels que des râteaux, des sulfateuses pour traiter les arbres ou encore une tyrolienne pour faire du crépi. Qu'est-ce qui explique cette étonnante diversité ?

TS — Il faut d'abord préciser que si ces outils sont montrés aujourd'hui ainsi, ce n'est pas au titre d'une scénographie artificielle ou d'une méditation pour expliquer le travail de Hartung ; c'est parce que du temps de Hartung lui-même, il y avait cette présentation, alors même que l'artiste avait écarté la plupart des ustensiles de son processus créatif. Mais on doit surtout dire que Hartung est un expérimentateur passionné et rien ne démontre mieux son goût de l'expérimentation que l'ampleur de ces gammes d'outils.

XD — Hartung n'est pas à proprement parler un théoricien. Certes, il peut commenter son œuvre, il réfléchit sur son travail de manière rétrospective et parle volontiers de l'art en général. Mais il ne procède pas par l'écriture de manifestes, ni par des déclarations d'intention ou par l'élaboration de programmes en amont. Il fait. Or, pour faire, il a besoin d'outils et de renouveler ces outils. D'une part parce que ce renouvellement casse chez lui la routine, lui permet de faire naître de nouvelles formes par l'apparition de nouvelles contraintes et de nouvelles possibilités ; d'autre part, parce qu'au fur et à mesure de son affaiblissement physique, il réadapte ingénieusement ses pratiques avec un sens aigu de la maîtrise pour continuer à créer librement.

MEL — Et il y a de quoi se poser une question à ce sujet : Hartung cherche-t-il chaque fois à rompre complètement avec lui-même ? Ou y a-t-il une unité dans cette diversité à travers le temps ?

XD — Il y a incontestablement différentes périodes, aisément identifiables, mais je crois qu'il y a avant tout une trajectoire Hartung. L'unité de parti pris existe. Elle explicite l'existence d'une évolution aisément perceptible. C'est d'ailleurs ce qui fait qu'il est tentant et sans doute trop tentant d'ailleurs, car cela peut être un piège, d'opérer une mise en rapport des périodes entre elles, voire de relier des extrêmes.

TS — C'est exact. Le rapprochement avec les fameuses aquarelles, exécutées alors qu'il est lycéen, est un exercice récurrent : il est souvent convenu aujourd'hui de placer en écho à ces œuvres pionnières de 1922 les projections de peinture à la sulfateuse des années 1986-1989.

MEL — Qu'y a-t-il de « piégeant » là-dedans ?
XD — Cette présentation, donnant à penser que la boucle est bouclée, aveugle ; c'est un exercice qui fait fi de la dimension pragmatique et non pas programmatique de cette œuvre. Cela finit aussi par laisser croire que Hartung est un artiste clos sur lui-même, alors qu'il y a justement beaucoup à montrer, en prêtant attention aux résonances aussi bien avec les artistes qui lui sont contemporains qu'avec ceux de notre propre époque.

MEL — Quand l'abstraction apparaît sur la scène artistique — au début des années 1910 —, elle est généralement désignée comme un nouveau langage plein de symboles. Il me semble que Vassily Kandinsky, qu'on dit être le premier peintre abstrait de l'histoire de l'art, veille à ce que chacune de ses formes et de ses couleurs véhicule une émotion précise : mettre du vert, c'est exprimer de la tempérance ; un cercle, c'est exprimer la perfection ; une ligne ascendante, c'est exprimer la joie… Hartung, lui, n'est pas du tout de cette école-là. Et il a même des mots très durs sur Kandinsky. Que dit alors son abstraction et par quels moyens passe-t-elle pour l'exprimer ?

XD — Vous avez raison, Hartung est dur avec Kandinsky. Il écrira rétrospectivement, non sans humour, à son sujet : « Son discours sur l'emploi et la symbolique du cercle, de l'ovale, du carré ou du rectangle ne m'avait ni séduit ni convaincu. Je n'avais aucune envie de peindre des serpentins pour figurer l'éternité. » Pour Hartung, ce n'est pas la représentation des choses qui l'entourent qui compte, ni d'élaborer des correspondances entre un vocabulaire de formes abstraites et des concepts ou des émotions ; ce qui lui importe, c'est d'enregistrer, de réifier son geste, d'en fonctionnaliser la trace. On peut voir de nombreux films, et même des photographies très parlantes à cet égard. Il a une gestuelle à la fois très instinctive et parfaitement conduite. Cependant, Hartung dit et répète que ce geste est lié à l'attention qu'il porte à l'univers : « Ces questions [sur l'univers] me préoccupent et m'ont préoccupé beaucoup durant toute ma vie, [elles] représentent pour moi une grande partie de mes relations avec la réalité. » C'est donc que son abstraction n'est pas complètement coupée non plus de ce qui environne l'être humain.

TS — Je pense qu'on ne peut pas faire l'économie de Hartung en tant qu'homme. Si l'on considère qu'il y a dans le lyrisme une part non négligeable de ce qui est au plus profond de soi, alors il n'est pas inutile de regarder son parcours personnel, voire sa personnalité. Je suis frappé par trois choses à cet égard. Son obstination, d'abord : c'est un homme qui ne lâche rien, qui demeure fidèle à ses convictions esthétiques, quel que soit le contexte. Son humilité, ensuite : quand on le lit, il ne cherche jamais à spécialement se faire valoir, à s'héroïser, comme son contemporain Georges Mathieu, par exemple, avec qui il ne s'entendait d'ailleurs pas vraiment. Son goût de la musique, enfin. Ses propres témoignages, mais aussi ceux des gens qui l'entourent attestent une obsession pour cet art. Il en écoute dès la première heure du matin et on sait qu'il travaillait toujours accompagné de musique : Bach résonnait sans cesse dans son atelier d'Antibes lorsqu'il y peignait.

XD — L'histoire de Hartung est exemplaire d'une grande ténacité et – j'insiste – d'une grande rigueur. On sait qu'il commence à bénéficier d'une vraie reconnaissance dès les années 1930, mais c'est tout de même très embryonnaire. Lorsqu'il est en France entre 1935 et 1939, il n'a que très peu de moyens, habite chez des amis artistes ; il est hébergé aussi par la famille du sculpteur Julio González, dont il finit par épouser la fille, Roberta. En 1945, il a passé les 40 ans, il a perdu une jambe au combat, il est encore plus démuni qu'avant la guerre et pourtant – chose extraordinaire – il reprend exactement le travail là où il l'avait laissé, tout simplement parce qu'il y croit. Et il finit enfin par rencontrer le succès. Il lui a fallu un courage et une persévérance remarquables pour en arriver là.

MEL — C'est la première fois que le Fonds Hélène & Édouard Leclerc accueille une exposition collective de cette ampleur ; elle a un parcours très ambitieux : le fil conducteur, c'est le peintre abstrait Hans Hartung ; et au gré de ce parcours, il y a des salles avec trois générations de ce que le titre désigne comme des « peintres lyriques », dont certains sont contemporains. Qu'est-ce que cela signifie ?
XD — Hartung a historiquement été rattaché à ce qu'on a appelé l'« abstraction lyrique » (appellation que l'on doit

à la fois au critique Jean-José Marchand et au peintre Georges Mathieu) et, de manière plus générale, à la notion, alors assez floue, de lyrisme. Au fil du temps, ces catégories ont fini par nous encombrer, même si je dois avouer que certains titres des expositions de cette époque — je pense à « Véhémences confrontées » par exemple — trouvent en moi un écho singulier du fait de leur inventivité. Et en tout cas, l'appellation lyrique va progressivement connoter quelque chose d'un peu obsolète, d'un peu daté, consistant en une sorte de déchaînement du geste et un épanchement du moi par une projection rapide et spontanée du peintre sur la toile. On ne peut pas nier que ce lyrisme-là ait existé, et il faut savoir en reconnaître aujourd'hui les meilleurs moments. Mais cette exposition vise à cerner un « lyrisme bien tempéré », à la fois d'intention et d'exécution, en capacité d'être un prisme de la situation artistique contemporaine, pour peu qu'on lui prête la « bonne » attention.

MEL — De quelle manière exactement ?
XD — En montrant d'abord que le lyrisme de Hartung n'est pas celui auquel on s'attend. C'est un lyrisme de la méthode plus que de l'effusion. En montrant ensuite que le lyrisme de Hartung se manifeste avec le plus

d'autonomie dans les périodes qui ne sont justement pas rattachées à ce que l'Histoire a reconnues comme celles de l'«abstraction lyrique» juste après la Seconde Guerre mondiale. En montrant enfin que le lyrisme, au-delà des peintres que l'on y associe historiquement (Georges Mathieu, Gérard Schneider ou Jean Degottex, présents dans l'exposition), détermine, avec une grande liberté de possibles, mais aussi de constance, la production de peintres au-delà de la géographie parisienne, au-delà de l'Europe et du cadre chronologique attendu. D'où, par exemple, la présence d'Américains historiques, comme Cy Twombly, Willem de Kooning ou Helen Frankenthaler. Ou bien encore de contemporains qui font l'actualité comme Albert Oehlen, Sigmar Polke, Christopher Wool, Joe Bradley ou Charline von Heyl, mais aussi, et là je veux parler de différents moments de création en Europe, d'artistes moins connus d'un large public, je songe à Fritz Winter, Shirley Jaffe, Simon Hantaï, Gérard Traquandi ou Yves Zurstrassen. Cela m'était d'autant plus naturel que je codirige un centre d'art contemporain, Le Consortium, où nous avons montré un ensemble de tableaux de Hartung des toutes dernières années (il meurt en 1989), comme nous l'aurions fait d'un artiste contemporain. Ajoutons à cela qu'en 1997 déjà, en collaboration étroite avec la Fondation, j'avais organisé à Fréjus ce qui, rétrospectivement, peut apparaître comme une exposition monographique renouvelant le regard porté sur l'artiste : «Hartung, peintre moderne».Voilà sans doute qui éclaire la volonté qui est la mienne d'échapper, dans l'exposition à Landerneau, au cadre historiographique comme aux conventions de points de vue.

TS — Je me permets d'abonder dans ce sens. Tous les artistes ont des périodes pour lesquelles ils sont spécifiquement connus. On les identifie parfois à des moments très resserrés dans le temps, alors qu'ils ont une œuvre beaucoup plus ample. Dans le cas de Hartung, la période la plus connue est celle de l'après-guerre mais, l'angle qui a été choisi par Xavier Douroux a justement ce mérite de proposer une vision alternative, de désaxer leregard. Non pas que Xavier dise que cette période n'est pas intéressante – ce serait absurde –, mais son exposition ouvre des perspectives de découverte beaucoup plus vastes.

XD — Je ne me place pas d'emblée dans la position du «dire» ou de construire un discours. L'opportunité qu'offrent une exposition et sa spécificité, c'est, pour commencer, de nous faire partager la présence des œuvres. Les choix qui sont faits dans le parcours de l'exposition ne tendent pas à démontrer intellectuellement quelque chose, mais à proposer une expérience sensible. Si discours il y a, il est d'abord la formulation par le récit d'un vécu spatial et matériel. La pensée ne vient qu'après.

TS — En effet. Et, à cet égard, il faut ajouter que le Fonds Hélène & Édouard Leclerc qui accueille cette exposition, d'une part, et la Fondation Hartung-Bergman qui, d'autre part, met à disposition beaucoup d'œuvres, se prêtent volontiers à une proposition audacieuse, risquée, une proposition déstabilisante.

MEL — Est-ce que Hartung lui-même avait l'esprit d'ouverture qui préside à cette exposition?

TS — Hartung est vraiment un Européen, mais aussi un citoyen du monde. Non seulement parce qu'il est d'origine allemande et se fait naturaliser français en 1946, mais parce qu'il voyage énormément. Il voyage quand il est jeune, depuis l'Allemagne jusqu'à Paris d'abord, en Espagne où il s'installe avec son épouse Anna-Eva Bergman en 1933 ; il passe aussi par la Norvège, revient à Berlin, avant de gagner définitivement la France en 1935 ; il a une correspondance avec l'Angleterre, avec les États-Unis où l'on commence à le collectionner dès les années 1930… Et puis il voyage considérablement dans la seconde partie de sa vie, quand il bénéficie d'une notoriété internationale, de l'Amérique du Nord au Japon. On sait par ailleurs qu'il s'est intéressé jusqu'à sa mort, à 85 ans, à toutes les nouvelles formes d'art. Certes, il ne pouvait plus se déplacer qu'en fauteuil roulant et demeurait donc à Antibes. Il ne se rendait plus aux vernissages et aux conférences, comme il l'avait fait avec assiduité toute sa vie. En revanche, il était abonné à un certain nombre de revues, se procurait des livres et des catalogues, qui attestent chez lui une curiosité intacte.

XD — Et, à l'inverse, la curiosité des artistes contemporains à l'égard de Hartung est très révélatrice de sa contemporanéité à lui. Christopher Wool, venu dans l'atelier d'Antibes, en était reparti absolument convaincu de la nécessité de faire connaître cette œuvre aux États-Unis. Il a d'ailleurs collaboré à un ouvrage collectif sur Hartung sans écrire de texte, mais en choisissant un certain nombre d'œuvres. Parmi celles-ci, il y avait ainsi le tableau qui fait l'affiche de l'exposition et *T1989-R17*, tableau monumental de 3 mètres par 5, présent à Landerneau et réalisé par Hartung sept mois jour pour jour avant sa mort.

MEL — Vous parlez, Xavier, de cette visite de Christopher Wool dans l'atelier d'Antibes. C'est en effet un endroit spectaculaire et très émouvant, où l'on voit encore sur les murs les larges traces de peinture consécutives au travail par projection de Hartung. Mais est-il destiné à accueillir, hormis des privilégiés, un large public ?

TS — Outre la conservation d'un patrimoine architectural, artistique et archivistique de très grande qualité, la mission de la Fondation (reconnue d'utilité publique en 1994) consiste surtout à faire vivre et rayonner l'œuvre de Hans Hartung (et celle de sa femme Anna-Eva Bergman) au-delà de ses propres espaces, dans des institutions à travers la France et à travers le monde. Elle favorise donc la tenue d'expositions, de conférences et colloques, l'édition d'ouvrages avec des partenaires nombreux.

La villa d'Antibes n'est pas à proprement parler un musée. L'atelier est toutefois ouvert à qui veut, moyennant des réservations pour des périodes précises de l'année. Hartung ne montrait lui-même sa production que de manière très pondérée, considérant que le spectacle de chacune de ses œuvres se méritait. J'aime cette idée. L'art suppose du temps, une concentration, une disponibilité. Il n'est pas pour Hartung un produit culturel qui se consomme à grande vitesse.

Xavier Douroux
Directeur du centre d'art contemporain Le Consortium,
Commissaire de l'exposition

Hans Hartung
et les peintres lyriques
Prendre consciemment le risque
de ne pas être compris

L'atelier d'Antibes, 1980
Photographe inconnu

Le sujet de cette exposition est un peintre du siècle passé né en 1904 et mort en 1989, mais pour ce qui est de son objet (autrement dit de quoi elle «parle»), il faudra attendre qu'elle ait lieu pour en préciser mieux les contours. Au moins pouvons-nous essayer de décrire maintenant l'intuition qui préside à un tel «rassemblement de présences». J'entends par là une communauté provisoire d'œuvres largement (mais non exclusivement — tant s'en faut) dues à Hans Hartung. Pareille ouverture à d'autres artistes consolide le «faire ensemble», au point d'offrir la possibilité d'élargir la mise en œuvre d'une exposition personnelle à celle d'une exposition collective, sans rien trahir de son impulsion initiale, et permet par là même de conforter notre conviction quant à la pertinence aujourd'hui d'une réception actualisée du travail de l'artiste d'origine allemande.

Né à Leipzig, il est précisément «entouré» de dix-sept autres artistes, principalement germaniques, américains ou encore français, sans qu'il soit fait état d'un courant artistique spécifique, ni allusion à un réseau d'influences ou encore moins question de filiation. Encore faudrait-il préciser à propos de l'entour que le dispositif architectural de l'exposition (et donc son parcours) relève plutôt de l'«enveloppement» de trois salles (contenant les peintures des autres) par la présentation linéaire et chronologique d'un corpus de tableaux et dessins de l'artiste mort à Antibes. Une manière volontaire d'insister sur la nécessaire articulation entre l'itinéraire individuel du peintre et les empathies réelles (historiquement fondées) ou fictionnelles (librement inventées à cette occasion) que sa production croise. Et c'est bien là la liberté propre au «format» émérite qu'est l'exposition que de réinitialiser sans épuisement les circonstances de la rencontre entre le spectateur et chaque œuvre.

Toutes celles ici présentées sont explicitement abstraites, au sens où nulle figuration n'y trouve place, que ce soit de manière évidente ou même subrepticement. On n'y rencontre aucune image potentielle de la façon dont Courbet ou Gauguin instillent des visages ou des corps à déceler dans l'ordinaire d'un paysage rocheux. Pas plus que d'invitation à la projection imaginaire par le «regardeur» d'une forme ou d'une figure à l'instar d'un Daan van Golden, «peintre d'après», isolant un détail dans l'entrelacement des giclures de Pollock pour faire surgir un lutin, ou bien encore tirant d'un Matisse tel motif pour suggérer l'apparition d'une perruche.

À l'évidence non mimétiques, elles ne «ressemblent» qu'à elles-mêmes et sont le fruit de la combinaison multiple d'un vouloir et d'un pouvoir qui, loin de déterminer autoritairement l'accès à leur perception, ouvre à la «diversité du sensible». Et c'est en cela — la capacité à révéler et incarner la «multiplicité des possibles» — qu'elles participent d'une appréciation commune qui saisit l'occasion, pour se manifester au regard de tous, d'utiliser le vocable «lyrique». Mais une proposition qui veut éviter le déterminisme historiographique ou de la relation imposée avec un mouvement historique connu pour cette appellation.

Préférer l'adjectif qualificatif au nom générique de lyrisme appelle une mise au point. La première raison est relative à l'esprit du temps : notre époque n'est plus à l'invention émancipatrice des «ismes» dont l'apogée avant-gardiste donna lieu à la magnifique publication de Hans Arp et El Lissitzky intitulée *Die Kunstismen : Les ismes de l'art 1914-1924*, Zurich, Munich et Leipzig, 1925. La seconde fait référence à un autre moment de la modernité du siècle passé, celle de la période succédant à la Seconde Guerre mondiale où l'expressionnisme abstrait d'un côté de l'Atlantique et l'abstraction lyrique de ce côté-ci triomphaient. L'asymétrie de vocabulaire est porteuse de sens dans la mesure où on y lit une différence hiérarchique, puisque avec le terme «expressionnisme abstrait», c'est bien l'expressionnisme qui l'emporte, alors que dans «abstraction lyrique», c'est l'abstraction qu'on précise, essentiellement, d'ailleurs, pour la démarquer de sa version «géométrique».

Argutie de langage, vont dire certains, en prétendant à juste titre qu'un tableau du New-Yorkais Franz Kline est tout autant abstrait qu'une peinture de Soulages. Oui mais voilà, l'esprit qui préside à leur apparition est «sensiblement» distinct : l'expressivité de facture recherchée activement par le premier n'est pas la priorité donnée à l'activation de la surface au moyen du geste d'application par le second. Tout en restant sur ce registre comparatif des deux mouvements nés du conflit mondial, revenons à Hartung dont on a rapproché les tableaux réalisés par pulvérisation de l'extrême fin de sa vie (1987-1989), incluant trois immenses formats, des *drippings* de Jackson Pollock, exécutés dans le courant des années 1950. Comment pourrait-il y avoir là une même intention chez un artiste marqué par la découverte américaine du surréalisme, celui d'un André Masson en particulier, et un autre qui, toute son existence de peintre — et cela depuis les années 1930 où il les côtoya à Paris —, a voué aux gémonies les tenants de ce même courant...? On trouve dans l'expressionnisme abstrait la persistance postsurréaliste de la recherche d'un «ailleurs», celui d'un «nouveau tableau», entendons par là la constitution poussée à l'extrême, dans l'action de peindre, d'une entité nouvelle : la toile comme un «champ» au-delà de la représentation du réel ou de la composition géométrique. Cet enjeu les mobilise au moment de peindre, alors que pour Hartung, chez qui, dès l'avant-guerre, l'abstraction est une sorte d'inné («un besoin naturel qui n'a aucun besoin de fondement, encore moins d'une théorie la légitimant», selon le critique Giorgio Verzotti[1]), la question qui se pose au moment de peindre est de démultiplier ce qui est déjà là, potentiellement à disposition. Loin d'être

en effet un cadre au service d'une conquête d'un ailleurs formel, sans cesse réarmée, comme chez nombre d'artistes américains, son abstraction est une abstraction immédiatement vécue.

Dans un remarquable texte, Anne Pontégnie[2], s'attachant à la production de l'année 1973, montre d'ailleurs l'importance de la réalité extérieure (pourtant jamais invitée dans sa peinture), comme celle des conditions pragmatiques de l'exécution, dans l'«expérience abstraite» à laquelle il se livre et à laquelle il nous convie. Pragmatique, prosaïque même, tel est le projet de Hartung — à l'image de ses premières aquarelles tachistes expérimentant les nouvelles couleurs à l'aniline en 1922, ou ses craies noires de 1923, qui sont à considérer comme des «faits», dont l'origine a très peu à voir avec la prééminence de la «nécessité intérieure» d'un Kandinsky —, pas seulement... Il est aussi d'emblée émotionnel, présentement et instinctivement, installant sans instance une production d'œuvres bien vivantes.

Mais il est temps de s'appesantir sur l'acception «peintre lyrique». Sa compréhension et son usage nécessitent d'évoquer le rapport plus complexe qu'il n'y paraît qu'entretient l'œuvre de Hartung au lyrisme. Et cela même si, paradoxalement, il faut en passer, dans l'exposition, par une «certaine» mise entre parenthèses : en effet, l'«événement» de l'accrochage des œuvres de Hartung est de faire passer le visiteur sans coup férir de l'année 1939 à l'année 1957. Autrement dit, de faire l'impasse — à l'exception de la présentation d'un tableau de 1947 et d'un autre de 1948, au titre de simples témoins, en introduction à la salle d'œuvres peintes par d'autres artistes jugés lyriques ou informels dans la première décennie de l'après-guerre — sur sa période la plus connue et célébrée. Celle d'un artiste qui, le conflit mondial passé et ce, jusqu'à sa mort, a connu tout à la fois le succès du marché et la reconnaissance de l'institution, sans oublier son enregistrement par l'histoire de l'art au titre précisément de cette décennie manquante à l'exposition. Voilà qui mérite explication.

Trop de lumière aveugle. Trop d'attente projetée embarrasse souvent la connaissance de ce qui est. En servant d'argument du fait de son antériorité

1. Giorgio Verzotti, «Hans Hartung», *in* Collectif, *Hartung, peintre moderne*, Le Capitou, Centre d'Art contemporain, Fréjus, éditions Skira, 1996, p. 150.

2. Anne Pontégnie, «Mille neuf cent soixante-treize», *in* Franz-W. Kaiser, Anne Pontégnie, Vicente Todoli, *Hartung x 3*, Angers, Expressions contemporaines, 2003.

historique, mais aussi d'exemple «parfait», sur le plan formel, aux inventeurs de l'abstraction lyrique, Hartung s'est soudainement trouvé propulsé sous les feux de l'actualité, sans qu'on y regarde alors de trop près. L'urgence de modernité artistique après la Libération explicite sans doute l'absence de prise de conscience (sinon connaissance) de la situation particulière de Hartung au sein du courant dont il devient un des héros emblématiques. Car il y a bien un «cas Hartung» et, qui plus est, à ce point «extravagant» qu'il nous conduit présentement à lui confier le rôle principal d'une exposition «personnelle et collective» traversée par la mise en avant d'un partage de sensibilité lyrique.

De quel «malentendu» — on devrait d'ailleurs plutôt dire «mal vu» — s'agit-il rétrospectivement? Rien de moins que de la vraie réalité de la méthodologie d'exécution du tableau adoptée par Hartung dès les années 1930 et peaufinée jusqu'à la fin des années 1950, avant qu'il ne l'abandonne au tournant des années 1960. Mais entendons-nous bien, rien non plus qui puisse nous amener à douter du lyrisme assumé de Hartung au moment où il fait l'objet de l'adhésion — on pourrait presque dire de l'adoption — par tout un pan de la critique après la guerre. Pourtant, le temps de l'histoire de l'art venu, il apparaît assez clairement que cette dimension assurément lyrique n'est pas la seule qui profile alors son travail et qu'une autre, sur laquelle il nous faut revenir, vient réifier chaque tableau : à savoir une dimension «concrète», pour rester dans l'emploi du vocabulaire servant à l'époque à différencier les enjeux de la peinture non figurative. Mais arrivons-en au fait.

Dès les années 1932-1933, Hartung généralise pour ses toiles le principe du report. Il agrandit avec une précision d'entomologiste, ne laissant pas le moindre détail de côté, un dessin (pour lequel il utilise séparément ou simultanément crayon, pastel et aquarelle) ou, plus rarement, la partie de l'un d'eux. Une entreprise menée fermement et avec une grande sophistication plastique après 1945 et dont, en 1956, il poussera la logique jusqu'au remplissage à la peinture noire d'un contour (tracé sur

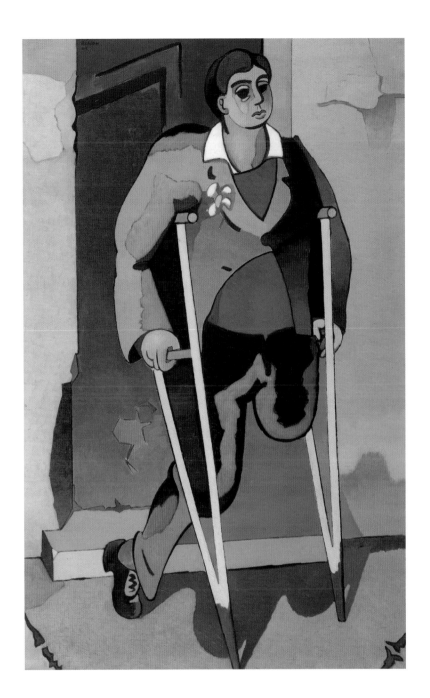

Jean Hélion
Figure gothique, 1945
— Hans Hartung ? —
Huile sur toile, 130 x 89 cm
Musée d'Art moderne et contemporain
de Saint-Étienne Métropole

la préparation colorée occupant tout le fond de la toile), qui retranscrit en l'augmentant la silhouette exacte d'une forme telle qu'apparue au moment de l'exécution directe d'un dessin à l'encre de Chine.

Voilà bien une situation plutôt inattendue tant, dans la pensée commune, la distinction entre ce qui serait un lyrisme d'intention et ce qui serait un lyrisme d'exécution ne va pas de soi. Et si, justement, l'idée selon laquelle l'un n'irait pas forcément sans l'autre pouvait nous conduire à faire fausse route et à ne pas voir dans le lyrisme en peinture un objet en soi et non pas, de manière trop basique, un simple moyen de caractériser une expression ? En provoquant cette prise de conscience, l'œuvre de Hartung donne au lyrisme sa première caractérisation (le lyrisme pour lui-même), et nous verrons que le phénomène de la réalisation «polyinstrumentale» de sa peinture après 1960 lui procurera une seconde détermination (le lyrisme *via* lui-même).

La méthode du report chez Hartung correspond en quelque sorte à une procédure de «refroidissement» (le mot congélation serait exagéré et par trop négatif), en vue d'une meilleure «préservation» de l'acquis lyrique. Mieux encore, et sans doute plus adapté à ce grand amateur de musique et qui travaillait en écoutant inlassablement celle de Jean-Sébastien Bach, il pourrait être opportun de caractériser cette démarche de recherche d'un «lyrisme bien tempéré». Ou comment éviter le débordement de l'abstraction par le surinvestissement individuel qui placerait l'émotion du côté exclusif de la subjectivité de l'auteur, au risque de voir le démonstratif expressionniste ou la traduction de l'inconscient imposer leurs vues.

Au cours de ces années, Hartung n'a jamais cherché à dissimuler ce recours permanent au report, un moyen qui lui aurait été suggéré par son ami le peintre Jean Hélion. Mais on ne peut pas, à l'inverse, prétendre qu'il ait cherché à en faire la publicité et encore moins lui donner une raison d'être théorique. En fait, cela correspondait «au mieux» à ce qu'il souhaitait faire, à savoir conserver dans la toile, perçue comme un moment de vérité sensible, la «qualité» qu'il arrivait à créer de toutes pièces par le dessin. Fuyant l'élégance du tracé ou le dynamisme d'un ressenti graphique, tant chez lui l'évitement du «représenté» ou la phobie de l'«exprimé» étaient une préoccupation constante, il voulait enregistrer l'apparition d'un «état dessiné» encore fragile, humainement fragile, pourrions-nous même dire, et auquel la retranscription sur la toile allait donner la force durable d'une «chose».

Une métamorphose sans trahison, mais une métamorphose cependant, dont l'ambition génère qui plus est son propre lyrisme. La transformation de tout un réseau de relations au monde à l'origine du projet de l'œuvre en un système abstrait et apparemment indépendant de celui par lequel ce processus s'est effectué. Un tableau pour finir, au sens le plus matériel du terme, qui néanmoins préserve l'enthousiasme et la ferveur de la mobilisation ayant présidé à son apparition.

Alors, me direz-vous, pourquoi ne pas inclure (et avec toute l'ampleur nécessaire) cette intense période après-guerre de reproduction du dessin dans le déroulement de l'exposition…? Lyrisme il y a bien ; mieux, lyrisme il y aurait encore plus «fermement». Il y a à cela deux raisons principales dont l'une tient à une dépendance historique et l'autre à une indépendance rhétorique.

Commençons par le trop grand poids de l'Histoire et le souhait de s'en libérer. D'une part, on le pressent, l'exposition, pour ce qui concerne directement Hartung, vise à échapper aux conventions d'une rétrospective au sens strict. D'autre part, le phénomène de réification auquel on assiste pendant cette quinzaine d'années «oubliées» par l'accrochage reflète un ancrage dans une tradition très ancienne, tout en se situant singulièrement dans les débats de l'immédiat avant-guerre. Sur le plan instrumental, le report dont il se sert s'apparente en effet à une «mise au carreau» classique permettant l'agrandissement de la composition ou de la figure dessinées… et l'on sait aussi que Hartung gardera par ailleurs pour les calculs de la section d'or un amour immodéré. Sur le plan conceptuel, il s'agit en outre d'un principe qui peut être rapproché des prescriptions de l'art concret (dont Hélion sera, aux côtés de Theo van Doesburg, l'un des signataires en 1930 du premier manifeste), comme le recours au hasard en tant qu'agent de constitution de l'œuvre ou aux mathématiques pour soumettre la composition géométrique à leur déterminisme. Autant de «formules» qui visaient à bien distinguer un art abstrait produit par un processus que l'on qualifiera, faute de mieux, d'«abstractisation» de la réalité, d'un art concret issu, quant à lui, d'une invention pure et extérieure au réel. En conclusion, le report est à double titre un instrument qui nous entraîne donc du côté de l'histoire passée et que nous avons jugée par trop encombrante.

Car, pour ce qui relève du parti pris subjectif de l'énonciation de l'exposition, cette indépendance rhétorique dont il était question plus haut, il articule un récit impliquant, outre Hartung, des acteurs dont on souhaite relire l'œuvre passée à l'aune d'une actualité lyrique (de Mathieu à Twombly) ou dont on veut enregistrer la pertinence quant à une proposition lyrique contemporaine (de Polke à Wool). Et un récit qui soit une fabulation volontairement optimiste. Car ce qui est «en jeu commun» dans l'exposition, c'est la dynamique lyrique de l'invention mise au service de la concentration picturale d'un «moment», celui de la constitution de chaque tableau. Mais c'est également la chronique du lyrisme comme renfort à l'action, comme illumination de la singularité spéculative du geste artistique..., non pas pour s'«arrêter» à celui-ci, mais bien pour sentir l'émergence des possibles dans tout le monde alentour. Autrement dit, le lyrisme comme pratique et émotion dont notre société a bien besoin, là, maintenant.

On l'aura compris, ce lyrisme-là est un «mix énergétique». Et c'est ici que le «bricolage» dans la réalisation du tableau auquel va se livrer Hartung, à compter de la toute fin des années 1950, est emblématique. En remplaçant l'emploi de l'instrument report par le «maniement» de nombreux outils, il trouve, et là encore «au mieux» pragmatique de ce qu'il recherche, le moyen d'une «conduction» entre lyrisme d'intention et lyrisme d'exécution. Et cela sans de nouveau les confondre et risquer de payer le prix de leur parfaite coïncidence, qui réduirait l'«instauration» présente du tableau au souvenir d'une gestualité. Sans non plus rien lâcher de son rejet de l'accaparement par le soi et céder à une pulsion d'envolée. Autrement dit, une autre forme de «mise à distance» plus physique que conceptuelle cette fois, comparée au report, pour autant que cette distinction ait une signification utile à cet instant. En donnant à «ce que sait la main» (pour emprunter très librement la formule de Richard Sennett) une capacité d'être présent au tableau, Hartung s'ouvre de multiples possibilités d'intelligence au lyrisme: le lyrisme *via* lui-même.

Se servant de la griffe, du rouleau de lithographe, du spray, du balai de genêt ou du pulvérisateur, tout comme, après lui, des artistes dont certains sont présents dans l'exposition, le font du pochoir, de la sérigraphie, de l'ordinateur ou de l'imprimante à jet d'encre, il n'est plus qu'entièrement lyrique, point à la ligne. Sans aucune appréhension, débarrassé de toute gêne, il s'autorise une présence de lyrisme sans possible amendement ou échappée vers tel ou tel ailleurs pictural ou assujettissement au moi.

C'est sa «stratégie» et elle relève à coup sûr du savoir-faire plutôt que du protocole théorique. Elle lui appartient en propre et ne songe pas à s'ériger en modèle, même si, comme cela a été dit, elle résonne chez certains peintres de l'exposition. D'autres itinéraires, d'autres personnalités et d'autres manières d'agir y ont la même légitimité lyrique. Celle-là même qu'elles tirent du simple fait d'une prise d'initiative qui, tout en signalant l'individualité d'une trajectoire (l'unique et sa propriété de Max Stirner), fait de l'attente d'un renvoi de perception par le spectateur l'enjeu principal. Mais de quoi s'agit-il, sinon de notre propre disponibilité au lyrisme, face à l'œuvre de tels peintres, en un instant de vérité euphorique, quand se révèle la réciprocité de possession? La trace, la marque, la tache, l'éclaboussure, l'écriture, le tressage d'une valeur ou de multiples couleurs, le précipité d'une composition ou la tension d'un agencement sont nos interlocuteurs directs, libérés d'avoir à illustrer tachisme et *colorfield* ou de signaler des courants plus récents tels que *pattern painting* et *new abstraction*. Place donc à cette conversation qui — à la mesure d'un oratorio ou d'un poème épique — n'a de cesse de donner toute sa place au lyrisme, celui-là même dont Robert Desnos a pu dire qu'il «efface les bassesses dans les âmes et les précipite, enthousiastes, aux barricades et dans les aventures[3]».

3. Robert Desnos, *Cinéma*, textes réunis par A. Tchernia, Paris, Gallimard, coll. «Blanche», 1966, p. 165.

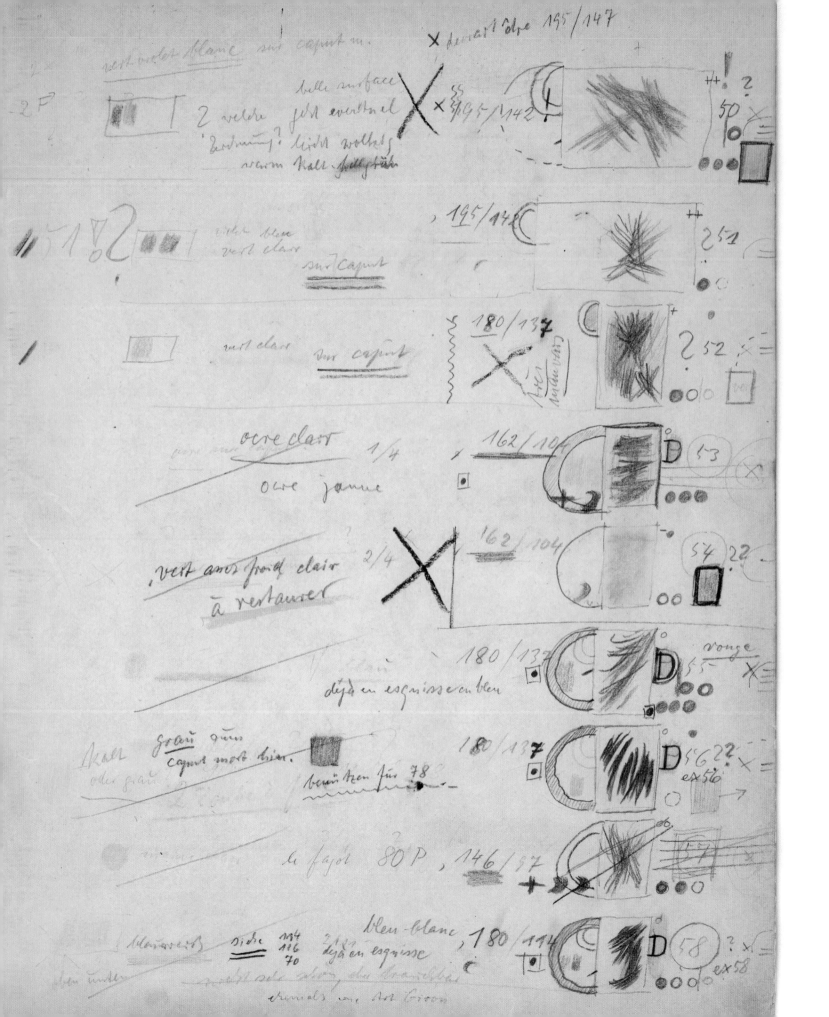

Thomas Schlesser
Directeur de la Fondation Hartung-Bergman

De quoi le lyrisme est-il le nom ?
Du chant d'Orphée au geste de Hans Hartung

Hans Hartung,
Cahier d'atelier, *circa* 1958

La mythologie fait d'Hermès — le dieu messager — l'inventeur de la lyre, laquelle est fabriquée à partir d'une coque de tortue qui constitue une caisse de résonance aux cordes tendues. On connaît dans l'histoire de l'art des allusions nombreuses à cette origine et l'animal est par exemple représenté à deux reprises dans l'angle inférieur droit de *La Mort d'Orphée* de Gustave Moreau, tandis que le poète exécuté par les ménades a le visage enchâssé dans son instrument, lui-même tenu et examiné avec mélancolie par une des prêtresses (fig. p. 22). La lyre est un des attributs essentiels d'Apollon, fils de Zeus et de Léto et qui trône au Panthéon comme l'image de la beauté et de la concorde. Apollon est solaire, a le regard clair, préside au chant, à la musique, à la poésie. Il est à la fois profondément aimé des hommes et veille à une certaine distance avec eux, leur enseignant la mesure, l'harmonie, la sagesse. La mythologie oppose à Apollon et aux accords tempérés de sa lyre la flûte de Dionysos — or la flûte procède du souffle, de ce qui est tempétueux. Dionysos encourage l'ivresse, s'attache aux dynamiques de la nature, à une espèce de crudité virant parfois à la cruauté, ne se fixe pas, ne se laisse pas saisir et répand son instabilité viscérale autour de lui. Il est le grand perturbateur de la Cité, l'étranger qui jouit d'une aura de scandale, suivi par un cortège déchaîné : il est rire et colère, là où Apollon est séré-

nité, justice, justesse. L'opposition est donc flagrante mais comme le remarqueront de nombreux exégètes de la mythologie antique, Apollon et Dionysos sont évidemment complémentaires et, dans la seconde partie du XIXᵉ siècle, Nietzsche expliquera en particulier que les arts sont sous la protection commune de l'une et l'autre figures. De sorte que c'est le dualisme lui-même entre l'ordre olympien de la joie propre à Apollon et la démence dionysiaque, sa véhémence sauvage qui, selon Nietzsche, opère comme le catalyseur d'une vraie et grande création : en l'occurrence, la tragédie attique.

À la suite d'Apollon, c'est Orphée (on leur attribue parfois une filiation) qui incarne le joueur de lyre et qui l'incarne vraiment dans le sens où Orphée n'est pas un dieu, mais un héros. Il est tout simplement le premier poète occidental. Orphée est notamment connu pour l'épisode de son séjour aux Enfers. Il a perdu son amante Eurydice, mordue par un serpent et, incapable d'accepter sa perte, il descend chanter sa cause dans le Royaume des Morts : qu'Eurydice lui soit rendue, supplie-t-il. Là, il est écouté et Ovide, dans *Les Métamorphoses*, précise qu'en plus d'avoir suspendu toutes les tortures des damnés pendant sa requête (les vautours cessent de ronger le flanc du géant Tityos, Sisyphe s'est assis sur le rocher qu'il doit fatalement pousser…), les noires Euménides pleurent pour la première fois. Il est écouté, mais ne doit cependant pas regarder Eurydice dans son dos, le temps qu'ils reviennent à la surface de la Terre. Inquiet, pressé, Orphée se retourne pourtant prématurément. Cette fois, Eurydice est définitivement perdue. Inspiré par le bas-relief du musée de Naples (fig. p. 22), Rainer Maria Rilke raconte la remontée des Enfers dans un poème de 1904 et prend le point de vue d'Eurydice à l'instant fatal où son amant procède à la rotation coupable. Parlant

Gustave Moreau (1826-1898)
Orphée, 1865
Huile sur bois, 155 x 99,5 cm
Musée d'Orsay, Paris

Bas-relief dédié à Hermès,
Orphée et Eurydice, Iᵉʳ siècle
Marbre
Musée du Louvre, Paris

d'Orphée, il décrit un homme impatient qui « n'avait plus conscience de sa lyre légère qui était dans sa main gauche enracinée / comme une rose grimpante dans une branche d'olivier [1] ».

Inconsolable, astreint aux regrets éternels, Orphée demeure solitaire, fidèle à son amour évanoui, se refuse à quiconque, mais continue de moduler sa peine avec sa lyre. La qualité de son chant n'est jamais véritablement définie, ni par sa teneur, ni par son objet. Il en est en revanche décrit les effets. Orphée enchante le vivant, dans toutes ses composantes. Il séduit, attire l'ordre végétal qui s'épanouit autour de lui, et l'ordre animal. Les bêtes sauvages, hostiles aux hommes, sont elles-mêmes charmées par Orphée et par son biais, si désœuvré soit-il, s'organise une sorte d'œuvre sociale ultime, d'harmonie toute-puissante. Par la lyre d'Orphée se pacifient les conflits et s'unit en une unité insécable ce qui est désuni. Il y a presque l'imaginaire d'une perfection politique dans ce mythe. Le héros, lui, est comme victime du régime idéal qu'il suscite. C'est son corps même qui est désuni, désintégré lorsque les ménades de Thrace, frustrées d'être éconduites par

le poète, l'attaquent. La première d'entre elles use, d'après Ovide, de son thyrse — une branche entourée de lierre ou vigne et surmontée d'une pomme de pin —, attribut des disciples de Dionysos dont font partie ces femmes que la peinture du XIXᵉ siècle montrera parfois transportées par la fureur et l'extase (Émile Lévy, *La Mort d'Orphée*, 1866, musée d'Orsay [fig. ci-contre]).

Le substantif « lyrisme » lui-même apparaît très tardivement dans l'histoire de la langue française et sa véritable fortune, son plein avènement est, contrairement à une idée reçue, tout à fait contemporaine. C'est seulement au XXᵉ siècle, parmi les différentes générations des avant-gardes, que le terme s'installera. Auparavant, le XIXᵉ siècle l'avait certes forgé, mais ne l'avait pour ainsi dire pas utilisé : nulle trace chez Hugo pas plus que chez Rimbaud ; une mention loufoque et anecdotique chez Baudelaire [2] ; une référence à Emmanuel des Essarts comme « poète lyrique, dans tout son admirable épanchement [3] » à la manière d'un repoussoir chez Mallarmé.

Rien n'est jamais définitivement certain dans la philologie mais la première occurrence, ou du moins la première occurrence de franche importance du substantif « lyrisme » est due à Alfred de Vigny en 1829, dans des circonstances bien particulières. C'est la fin du règne de Charles X, dans une atmosphère de Restauration étouffante, contraire aux élans révolutionnaires et napoléoniens encore frais ; c'est aussi le moment d'épanouissement du romantisme et d'une esthétique moderne qui souhaite en finir avec la segmentation convenue et conventionnelle des tonalités, des sentiments, des sujets en art. Pour le dire autrement, aussi bien dans la peinture que dans la littérature, les tenants du romantisme estiment que tout, depuis la vulgarité jusqu'au spirituel, depuis l'abject jusqu'au raffinement, doit pouvoir être dit, montré en même temps, de manière à épouser dans une seule pièce ou une seule toile les mouvements contradictoires et les intensités variables de la vie. Un auteur, redécouvert après avoir été passablement oublié, donne précisément à sentir cette sorte d'holisme, c'est William Shakespeare dont Alfred de Vigny assure des traductions. Il a signé celle d'*Othello*, représentée pour la première fois à la Comédie-Française en octobre 1829, et c'est peu après la représentation inaugurale que Vigny écrit une lettre manifeste pour l'émancipation des registres au théâtre. Ainsi naquit le néologisme « lyrisme » :

> « Le poète pourra suivre son inspiration aussi librement que dans la prose, et parcourir sans obstacle l'échelle entière de ses idées sans craindre de sentir les degrés manquer sous lui. Nous ne sommes pas assez heureux pour mêler dans la même scène la prose aux vers blancs et aux vers rimés ; vous avez en Angleterre ces trois octaves à parcourir, et elles ont entre elles une harmonie qui ne peut s'établir en français. Il fallait pour les traduire détendre le vers alexandrin jusqu'à la négligence la plus familière (le récitatif), puis le remonter jusqu'au lyrisme le plus haut (le chant), c'est ce que j'ai tenté[4]. »

L'acception originale du lyrisme — qui sera amenée à connaître beaucoup d'évolutions — est sous la plume de Vigny liée aux hauteurs de la musique (le grand air de l'opéra), avec laquelle la poésie doit pouvoir rivaliser d'intensité : un moment de paroxysme, de comble et d'enthousiasme.

Toutefois, dès sa naissance, le mot est aussi utilisé à des fins péjoratives. Le « lyrisme », lorsque Théophile Gautier convoque le terme en 1834 dans *Mademoiselle de Maupin*, est associé à une enflure, une emphase pénible. Dans les premières définitions

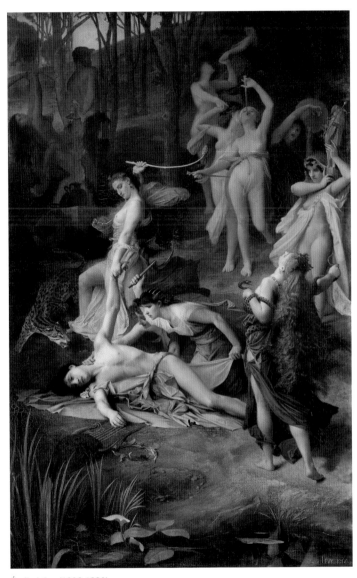

Émile Lévy (1826-1890)
La mort d'Orphée, 1866
Huile sur toile, 206 x 133 cm
Musée d'Orsay, Paris

1. Rainer Maria Rilke, « Orphée, Eurydice, Hermès », *Nouveaux poèmes*, suivi de *Requiem*, Paris, Points, 2008, pp. 64-67.
2. « La brute seule bande bien, et la foutrerie est le lyrisme du peuple. », Charles Baudelaire, *Mon cœur mis à nu*.
3. Stéphane Mallarmé, « Lettre à Henri Cazalis du 1er juillet 1862 », *Correspondance*, Paris, Gallimard, coll. Folio, 1995, p. 61. Mallarmé parle également dans cette lettre de manière très péjorative de la « turbulence du lyrisme ».
4. Alfred de Vigny, « Lettre à Lord*** sur la soirée du 24 octobre 1829 », *Œuvres complètes*, Paris, Gallimard, La Pléiade, 1964, pp. 291-292.

académiques qui sont tentées à son endroit, la notion apparaît dans un même étau : entre « élévation de pensées, noblesse d'expression » et « exagération[5] ». Littré, plus habile encore, décline sa définition du lyrisme en trois temps — comme attendu, il l'attache aux qualités insignes du style puis, au contraire, au risque d'effusion pompeuse ; enfin, de manière plus originale et pertinente, il ajoute la dimension psychologique, personnelle :

> « 1. Caractère d'un style élevé, poétique, langage inspiré. *Le lyrisme de la Bible.* 2. En mauvaise part, affectation déplacée du style lyrique ou des formes qui le caractérisent. 3. En général, enthousiasme, chaleur. *Cet homme a du lyrisme. Sa conversation a du lyrisme.* »

Répétons-le : le XIXe siècle a donc vu la notion de lyrisme germer et déjà recouvrir sur le plan sémantique des valeurs diverses. Mais c'est au XXe siècle que le vocable va se mettre à vivre vraiment, à travers des représentants modernes tels que Gide, Claudel, Saint-John Perse ou encore Guillaume Apollinaire, personnage qui « traînait sur ses pas le cortège d'Orphée » et était « le lyrisme en personne[6] », d'après André Breton, lequel entretint lui-même avec le terme un rapport riche et complexe. Ainsi, dans un courrier de 1918, Pierre Reverdy somme Breton de lui remettre au plus vite un texte qu'il avait promis sur le lyrisme et celui-ci répond finalement de manière détournée, en s'adressant à Aragon et en lui donnant du terme la définition suivante : « tout ce à quoi on ne tient plus tête », « confusion de temps, de plan, de ton » et « mille péchés adorables contre la langue[7] ». Plus tard, dans des entretiens au cours desquels Breton revient sur cette notion, il dira que le lyrisme était alors à ses yeux ce qui constituait « en quelque sorte un dépassement spasmodique de l'expression contrôlée[8] ». En 1937, dans *L'Amour fou*, il prône un « comportement lyrique » qui consiste en une disponibilité favorable aux accès et aux injonctions de l'inconscient. Le lyrisme en tant qu'éthique et le surréalisme furent donc en ce sens appariés. En outre, on lira à profit cet important balisage de ce qui décide, ou non, de la nature surréaliste d'une œuvre plastique. André Breton, à l'occasion de l'Exposition internationale du surréalisme de 1947, pose deux bornes : le « réalisme » d'un côté, l'« abstractivisme » de l'autre, mais il précise aussitôt qu'il y a des exceptions et cite notamment Picasso, dès lors que celui-ci s'ouvre à sa part lyrique. Il déclare ainsi que cet « impénitent réaliste que demeure Picasso, lorsqu'il a laissé toutes brides à son lyrisme, [frôle] le surréalisme et même [y fait] de véritables incur-

sions[9] ». Qu'un appendice « lyrique » au réalisme fasse naître le surréalisme mériterait incontestablement bien des réflexions.

Emil Cioran, à l'âge de 22 ans, dans un moment de profonde crise et de rejet de la philosophie, ouvre quant à lui *Sur les cimes du désespoir* — recueil écrit en 1933 et publié l'année suivante en roumain — par un texte intitulé « Être lyrique ». Il y vante le fait de « s'abandonner à la fluidité intérieure, sans souci d'objectivation », d'« être travaillé par une infinité intérieure et une tension extrême », de « vivre intensément, jusqu'à mourir de vivre » — sentiment si étrange et si rare « que nous devrions le vivre avec des cris[10] », dit Cioran. Il ajoute : « Comparé au raffinement d'une culture ankylosée qui, prisonnière des cadres et des formes, déguise toutes choses, le lyrisme est une expression barbare : sa véritable valeur consiste, précisément, à n'être que sang, sincérité, flamme[11] ».

Avant d'en venir à l'usage de ce vocable dans le domaine des beaux-arts après la Seconde Guerre mondiale, notons qu'il a connu un très puissant regain de vivacité dans le champ littéraire contemporain à partir des années 1990, à travers l'œuvre double de Jean-Michel Maulpoix : double parce que Jean-Michel Maulpoix, universitaire notoire, a entrepris une œuvre d'historicisation de ce qu'on a entendu par « lyrisme[12] » depuis le XIXe siècle ; parce qu'il a simultanément entrepris une œuvre lyrique et plus exactement une œuvre de « lyrisme critique[13] », dans laquelle il donne à sentir et comprendre les qualités de pensées du lyrisme, qui procèdent certainement d'une conscience de l'échec et de la plaie, comme chez Cioran, mais qui se trouvent couplées avec des analyses autoréflexives.

5. Définition donnée dans le *Dictionnaire universel* de Maurice Lachâtre, 1856.
6. André Breton, cité *in* José Pierre, *André Breton et la peinture*, Lausanne, L'Âge d'Homme, 1987, p. 36.
7. André Breton cité *in* Michel Murat, « L'homme qui ment, réflexions sur l'idée de lyrisme chez André Breton », *in* Dominique Rabaté, Joëlle de Sermet et Yves Vadé (dir.), *Modernités. Le sujet lyrique en question*, Talence, Presses Universitaires de Bordeaux, 1996, p. 152.
8. *Ibid.*, p. 151.
9. André Breton, cité *in* José Pierre, *op. cit.*, p. 229.
10. Emil Cioran, *Sur la cime des désespoirs* (1933), Paris, Le Livre de Poche, 2015, p. 9.

11. *Ibid.*, p. 10.
12. Voir notamment à ce sujet Jean-Michel Maulpoix, *Du lyrisme*, Paris, José Corti, 2000. La première partie du présent essai de catalogue est très largement inspirée par cet ouvrage capital.
13. « Le lyrisme n'est pas seulement critique par l'espèce de perturbation qu'il introduit dans le langage. Il l'est aussi, plus radicalement, par l'interrogation qu'il induit chez le lecteur : un poème est un texte qui conduit celui qui le lit à se poser des questions sur le langage. […] Le lyrisme est essentiellement critique par le traitement critique qu'il fait subir à la langue. » Jean-Michel Maulpoix, *Pour un lyrisme critique*, Paris, José Corti, 2009, pp. 28-29.

Hans Hartung, *T1922-1,*
Danse des bacchantes
autour d'un nu couché, 1922
Huile sur papier kraft marouflé
sur panneau, 18,5 x 23,5 cm

Hans Hartung, *Trois hommes en extases*, 1922
Crayon sur papier, 11,9 x 10 cm

Hans Hartung n'a commencé à bénéficier d'un véritable succès qu'assez tard, après la Seconde Guerre mondiale, alors qu'il a plus de quarante ans. Cela ne signifie pas qu'il ait été ignoré auparavant et on trouve des marques d'intérêt de personnalités très importantes du monde de l'art à son égard dès les années 1930, aussi bien aux États-Unis qu'en France, en Angleterre ou en Allemagne, mais elles n'avaient pas suffi à lui apporter une véritable réputation publique. La guerre a par ailleurs retardé le processus de reconnaissance.

Quand ce processus s'enclenche enfin à partir de 1946, il est — comme on va le voir — exclusivement concentré sur l'abstraction du peintre. Signalons pourtant qu'avant le Hartung qualifié de « lyrique », il y eut un Hartung « expressionniste » au sujet duquel l'enquête historique et esthétique et un travail d'exposition restent aujourd'hui encore à l'état de friche. Pendant cette période, Hartung a une vingtaine d'années, s'intéresse à la philosophie (il entamera un cursus universitaire en mai 1924 à Leipzig), dans un contexte où la culture allemande est travaillée par sa reconsidération du monde grec. Il produit des œuvres faisant allusion à l'Antiquité, à ses danses, ses transes et ses luttes (fig. ci-contre et ci-dessus), copiant par exemple à l'aquarelle son *Combat d'Ulysse contre le mendiant* par Lovis Corinth (fig. p. 26) ou figurant

Hans Hartung, [Sans titre], 1923
Aquarelle et crayon sur papier, 24,6 x 35 cm
d'après Lovis Corinth

Lovis Corinth, *Combat d'Ulysse contre le mendiant*, 1903
Huile sur toile, 83 x 108 cm
Galerie nationale de Prague

Fresque représentant la mort d'Actéon,
temple de Sélinonte
Photographie de Hans Hartung,
Sélinonte, Sicile, 1926

des bacchanales, quoique avec « une distanciation toute cézanienne [14] ». En 1926, lors d'un long voyage à travers l'Europe en compagnie de son ami Fritz Schultze, Hartung se rend sur plusieurs ruines grecques et romaines. En Sicile, en plus de multiplier les vues de sites spectaculaires, il photographie un bas-relief de métope d'un des temples de Sélinonte où l'on voit le chasseur Actéon, transformé en cerf par Artémis, en train de se faire dévorer par ses chiens (fig. ci-contre).

Hartung n'allait montrer que très peu cette phase de sa carrière, qui allait être intégrée ensuite dans les récits à son sujet, comme une part intéressante mais finalement assez secondaire — presque un aléa — dans son trajet. En 1946, les expositions qui placent Hartung au centre de la scène parisienne et, dans les années qui suivent, lui font bénéficier d'un incontestable prestige international, ont trait à l'abstraction et à l'abstraction seulement. On pourra noter en outre que la période de guerre, qui fut sans pitié pour lui [15] et a manqué de peu de définitivement ruiner sa vie, s'est avérée un élément essentiel dans l'accroissement de sa notoriété, à deux titres. Hartung, engagé volontaire dans la Légion étrangère et blessé au front à l'automne 1944 du côté des Français, est légitimement perçu comme un homme juste et courageux dont le destin personnel s'adosse à celui de la grande Histoire. De surcroît,

14. Pierre Wat parle de « la tonalité dionysiaque de ces dessins orgiaques, où s'allient de façon étonnante une fascination pour l'extase proche d'Emil Nolde et une distanciation toute cézanienne », Pierre Wat, « Hans Hartung, l'expérience de l'arbre », *in* Collectif, *Sensations de nature – de Courbet à Hartung*, exposition au musée Courbet d'Ornans, 4 juillet au 12 octobre 2015, p. 90.
15. Sur le parcours de Hartung pendant la guerre (clandestinité, cauchemar concentrationnaire,

amputation au combat…), voir notamment Fabrice Hergott (dir.), *Beau Geste – Hans Hartung, peintre et légionnaire*, Paris, Gallimard, 2016.
16. On renvoie ici aux travaux absolument incontournables d'Annie Claustres, auxquels le présent essai doit beaucoup : Annie Claustres, *Hans Hartung, Les aléas d'une réception*, Dijon, Les presses du réel, 2005. On renvoie également à Collectif, *Hartung, peintre moderne*, Le Capitou, Centre d'art contemporain, Fréjus, éditions Skira, 1996.

Photographie de l'atelier de Hartung, Arcueil

certaines lectures de son œuvre, à l'instar de celle de Madeleine Rousseau, ne manqueront pas l'occasion de relier son esthétique, fondée sur un vocabulaire graphique tourmenté et un chromatisme volontiers sombre, à une expression universelle de la crise civilisationnelle consécutive au traumatisme du conflit et de sa barbarie.

Le terme de « lyrisme », sans être l'objet de développement et encore moins de justification théorique, commence à faire son apparition sous la plume de Léon Degand. Important critique, défenseur de l'abstraction, il mentionne d'abord très rapidement « le lyrisme de Hartung », alors que celui-ci expose au Salon de Mai 1946. En décembre de la même année, lors d'une visite dans son atelier à Arcueil (Hartung, qui vient d'être naturalisé français se fait alors appeler par son prénom francisé « Jean »), Degand étoffe son discours et se fait plus précis dans ses éloges : « Ce que d'autres — dans cet infini de l'abstraction —, cherchent par la forme géométrique ou par le tracé des signes nettement définis, Hartung, de plus en plus, le traque par le lyrisme. » Il explique ensuite que Hartung aborde sa toile comme on aborde « une énigme » et que, de même qu'on ne peut pas savoir à l'avance ce que sera l'avenir, il laisse à penser que ses formes se développent progressivement, chemin faisant. Ce n'est pas tout à fait faux, dans la mesure où il y a bien un premier jet spontané et intuitif chez Hartung, mais ce n'est pas tout à fait vrai non plus, car on sait que les toiles résultaient à l'époque — ce sera le cas jusqu'à la fin des années 1950 — d'un report méticuleux, et quasiment toujours agrandi par le biais d'une mise au carreau, de cette gestualité première exécutée sur papier. Comme l'histoire de l'art, grâce aux travaux cruciaux d'Annie Claustres, l'a désormais parfaitement établi[16], il s'engage avec ce type de vision un malentendu durable au sujet de Hartung. Cette vision occulte en effet — de manière volontaire ou inconsciente, mais en tout cas tenace — la méthode et la rigueur extrêmes de la production de Hartung entre 1930 et 1960, où la phase à chaud (la pulsion directe et la vitesse du geste) est ensuite réinterprétée à froid (peindre soigneusement et indirectement cette pulsion, en la reprenant avec le filtre de la lenteur). Ce malentendu a donc engendré sur le long terme une certaine confusion. Il n'a cependant, sur le moment en tout cas, pas été du tout un frein au succès de Hartung, bien au contraire, et celui-ci s'en est parfaitement accommodé, sans en abuser ni jamais mentir délibérément, mais en laissant se répandre une vision passablement floutée de la vérité.

Quand apparaît le terme de « lyrisme » pour parler de Hartung, sa convocation va donc, chaque fois, opportunément drainer un certain nombre de notions positives (et quelque peu convenues). Pendant plusieurs décennies, elle fait rayonner entre autres dans son faisceau sémantique les idées de liberté, de ferveur, de spontanéité [17], d'individualité, de feu d'artifice [18], d'effusion, de musicalité, de sincérité [19], de hauteur cosmique [20], mais aussi de romantisme [21] et de poésie, les comparaisons avec des grands « voyants » du XIXe siècle et avec leur propension à la fulgurance et au dérèglement des sens (Nerval, Baudelaire, Rimbaud [22]…) revenant même çà et là.

La fortune de ce terme va être encouragée et renforcée par des tentatives de classification qui aboutissent, sinon à une école, du moins à une tendance : l'abstraction lyrique. C'est d'abord le critique Jean-José Marchand qui va parler, en septembre 1947, d'un groupe d'« abstractivistes lyriques » (groupe constitué, dit Marchand, par des artistes qui exposent dans les galeries Lydia Conti [23] et Denise René) lors du deuxième Salon des réalités nouvelles où Hartung expose la toile *T1946-16*. Ce dernier est considéré par le critique comme la personnalité qui domine le groupe, « donn[ant] une impression de liberté absolue vis-à-vis des théories [24] » (ce qui est d'ailleurs très juste). Au moment où Marchand signe cet article, se profile déjà une exposition baptisée

« L'Imaginaire », galerie du Luxembourg. C'est ce même Jean-José Marchand qui en écrit le texte de présentation sur la plaquette où l'on retrouve à nouveau ses plaidoyers pour « la liberté absolue ». L'abstractivisme lyrique est, dit-il, l'aboutissement d'une grande lignée humaniste, parallèle à ce que l'auteur voit comme « classicisme », « art pour l'art », « constructivisme » et goût de la forme (il cite Vinci, Poussin, Cézanne), et qui consiste au contraire en une sorte d'élan baroque — une expression du fond et de l'individu, ayant pour paternité Van Gogh et dans laquelle il inscrit également Picasso. Hartung y expose aux côtés de celui-là mais surtout aux côtés de Mathieu, Arp, Bryen, Atlan, Brauner, Riopelle, Wols, Leduc, Solier, Verroust, Vulliamy.

Si le texte de présentation est de Jean-José Marchand, le commissariat et l'orchestration de l'événement sont du peintre Georges Mathieu. Or, Mathieu va, plus tard, et en éludant grandement le rôle de Marchand, revendiquer la paternité de l'expression « abstraction lyrique », dans un ouvrage intitulé *Au-delà du tachisme* (1963). Il précise notamment que la manifestation de décembre 1947 devait initialement s'appeler « Vers l'abstraction lyrique », avant d'être rebaptisée par la directrice de la galerie « L'Imaginaire » ; il affirme qu'il commanda lui-même

17. « N'oublions pas qu'en conséquence de l'inclination physique et mentale qui l'avait porté à identifier son dynamisme individuel avec les manifestations de "forces" naturelles, Hartung fut le premier à traduire dans son œuvre, par l'acte spontané et le transfert de ses impulsions psychiques dans la matière, cette nouvelle conception de notre univers, sa nouvelle "imagination" aussi, qui substitue, au monde des formes perceptibles, l'empire des forces. » Roger van Gindertael, « L'art exemplaire de Hartung », *Vingtième Siècle*, Paris, n° 19, juin 1962, p. 48.
18. « Le peintre a fait fuser les trajectoires spatiales, si caractéristiques, de sa ligne, éclater en gerbes épanouies le feu d'artifice de sa vision à l'échelle de l'ère cosmique. » André Verdet, « Pleines vacances de Hartung », *Vingtième Siècle*, n° 15, Noël 1960, p. 98.
19. « Avec lui, aucun trucage, un métier sûr, parfois agressif, et toujours des qualités lyriques. » Jean Bouret, « Les arts », *in Franc-Tireur*, 22 novembre 1956.

20. « Ce lyrisme des hauteurs, il faut le découvrir sous la stupéfiante maîtrise du graphisme, sous la sévérité fulgurante du trait, à travers ces arabesques intensives qui expriment à l'infini notre époque d'aventure spatiale. » André Verdet, « Hans Hartung, lyrique de l'abstraction », *Le Patriote de Nice et du Sud-Est*, 24 juillet 1959.
21. « Son expression fut tantôt constructive et dégagée des contingences affectives, tantôt lyrique et résolument émotive. […] Après une brève période, en 1945, de plans rectilignes et de tendances constructivistes, Hartung revient à un art émotionnel épris de liberté et de poésie, romantique, de conception et d'expression. » Denys Chevalier, « Petit dictionnaire des artistes contemporains : Hans Hartung », *Arts*, 31 décembre 1948.
22. Pierre Restany explique par exemple, après avoir cité Hartung à la page précédente, ainsi que Wols et Bryen : « La création lyrique procède par "illuminations",

dans le sens que Rimbaud donne à ce terme. Ce n'est qu'après avoir pleinement subi ces émotions essentielles et profondes que le peintre peut, de façon valable, s'essayer à en transcrire sur la toile les résonances rythmiques. » Pierre Restany, *Lyrisme et abstraction*, Milan, éditions Apollinaire, 1960, p. 16.
23. C'est dans cette galerie que Hartung fait sa toute première exposition personnelle en février 1947, avec en support une petite publication où est imprimé un texte de Madeleine Rousseau. Parmi les œuvres présentées, figurent deux pièces majeures, très représentatives de cette période : *T1947-2* et *T1947-47* (fig. ci-contre).
24. Jean-José Marchand, « Réflexions à propos de l'exposition surréaliste et des "réalités nouvelles" », *Paru. L'actualité littéraire intellectuelle et artistique*, septembre 1947, n° 34.
25. Exemplaire conservé à la Fondation Hartung-Bergman.

26. Georges Mathieu, *Au-delà du tachisme*, René Julliard, Paris, 1963, p. 33.
27. *Ibid.* p. 104.
28. La dédicace que Pierre Restany adresse à Hartung en lui envoyant l'exemplaire de *Lyrisme et abstraction* aujourd'hui conservé à la Fondation Hartung-Bergman, dit ainsi : « À Hans Hartung, en témoignage d'estime sincère et d'admirative sympathie, Restany, Paris, déc[embre] 1960. »
29. Pierre Restany, *Lyrisme et abstraction, op. cit.*, p. 11.
30. Voir notamment la conclusion de l'ouvrage sur les deux voies de l'abstraction, *ibid.*, pp. 107-109.

le texte à Marchand ; il n'évoque jamais le texte qu'écrivit ce dernier dans *Paru* dès septembre 1947. Mathieu promeut dans son livre les valeurs picturales de la vitesse d'exécution (dont il est le champion incontestable), de la spontanéité, de l'état second dans la concentration.

Hartung considère certainement Mathieu comme un histrion et un homme de spectacle davantage qu'un grand peintre. En matière de dédain, la réciproque est moins vraie et *Au-delà du tachisme* fait plusieurs fois l'éloge appuyé de Hartung, jusqu'à la dédicace autographe de l'exemplaire qui lui est envoyé, plutôt chaleureuse : «En amical hommage[25]». Mathieu a cherché à vraiment caractériser la peinture de Hartung dans son essai. Il prend soin par exemple de la distinguer de celle de Gérard Schneider faite à ses yeux d'une «fausse liberté de traits qui deviendront de furieux coups de pinceaux[26]». Il soustrait aussi Hartung aux principes de la vitesse et de la spontanéité : «Les signes de Masson, ceux de Tobey avant 1957, ceux de Hartung sont des signes d'artisan. Ils sont élaborés lentement, dix fois repris (Hartung)[27]».

Mais ces nuances ont beau être écrites noir sur blanc, elles sont beaucoup trop en filigrane, subtiles et incidentes pour se faire remarquer. Hartung était et restera associé aux catégories lyriques de la puissance émotionnelle, de l'effusion et de l'affect, en apparaît même comme le grand précurseur. C'est le cas chez Pierre Restany. Critique très influent de l'époque, il est lui aussi un admirateur de Hartung[28], qu'il mentionne beaucoup dans un ouvrage important publié en 1960 (et écrit deux ans plus tôt) intitulé *Lyrisme et abstraction*. On se permettra modestement de dire ici combien l'essai, s'il est brillant, intuitif et séduisant à bien des égards et doté d'un sens des œuvres exceptionnel, relève aussi parfois de la spéculation et du verbiage théoriques les plus incompréhensibles. Tantôt sa définition du lyrisme est à peu près claire, «la lutte a été menée au nom du lyrisme pur, considéré sur le plan ontologique comme une situation d'universalité de l'individu créateur : le moi de l'artiste, en extension illimitée ou en complète osmose, s'identifie à l'univers. Cette attitude conduit à un art d'effusion, une peinture du geste, où la primauté est accordée à la transmission directe ou allusive, véhémente ou secrète des intuitions sensibles[29]», tantôt elle se perd dans des considérations mystiques absconses[30]. Quant au «cas Hartung», Restany l'érige à peu près en père de tout ce que la peinture compte de tendances après guerre ! «On peut dire — écrit-il — que Hartung a préfiguré les cheminements possibles du lyrisme

Hans Hartung, *T1947-1*, 1947
Huile sur papier marouflé sur toile,
58 x 44,50 cm

Hans Hartung, [Sans titre], 1946
Crayon et sanguine sur papier,
29,80 x 23 cm

Hans Hartung, *T1947-2*, 1947
Huile sur toile, 116 x 89 cm
Collection particulière

abstrait, du tachisme calligraphique à l'informel des graffitis muraux, en passant par les diverses tentatives d'intégration spatiale où l'on retrouve en germe la vision émotionnelle synthétique chère aux néo-expressionnistes américains[31] ».

Partant, Hartung ne pouvait évidemment pas, jusqu'à la fin de sa vie, faire autre chose que d'assumer sa filiation avec l'abstraction lyrique, sous peine de faire vaciller tout l'édifice critique qui l'avait jusqu'alors servi. Il défendit à la fois l'importance du mouvement et sa continuité dans l'Histoire. Il explique ainsi, un an avant sa mort, au journaliste de *Libération* Henri-François Debailleux que « c'était, pour l'artiste, une plus grande liberté d'expression qui lui permettait de dire autre chose que de simplement recopier la nature en couleurs et avec des pinceaux » ; il estime « que c'est un des mouvements les plus importants du siècle[32] » et qu'il est amené à avoir des développements futurs.

Dans la seconde partie du XXe siècle, que cela soit dans des textes qui se veulent un peu normatifs ou, à tout le moins, plutôt théoriques, ou dans des articles critiques dépourvus de rigueur conceptuelle, le champ connotatif du lyrisme est résolument « dionysiaque ». Le recours à cette expression exprime chaque fois — et joyeusement — une réalité qui se brouille, à laquelle l'art s'arrache dans une sorte de transe, dans un cri, dans l'extase de la vitesse. Dans le lyrisme se joue une perte de contrôle salutaire et exemplaire, par laquelle l'homme se relie à la fois à des forces dites telluriques, primordiales, aux couches les plus profondes de sa psyché et se projette dans une totalité cosmique, stellaire. On le constate donc : la mesure et la clarté solaire d'Apollon, de même que le chant d'Orphée sont balayés par cette acception moderne, qui prône la démesure des puissances bachiques.

Hartung, on l'a déjà dit, a profité de la confusion, en apparaissant publiquement comme figure majeure de ce lyrisme de l'effusion, de la « rage[33] », dit Marchand. Mais si on doit l'admettre désormais comme lyrique, ce n'est pas tant dans ce sens-là que dans celui de la hauteur, de l'harmonie et de la justesse. Il en a d'ailleurs, lors d'entretiens, donné des indices pendant sa vie. Il parle par exemple de son rapport à la section d'or et martèle que c'est son étude approfondie et son usage systématique pendant une période de sa jeunesse qui lui ont permis d'intégrer naturellement la maîtrise totale de la proportion parfaite. Le propos n'est pas à négliger mais à tempérer quand on examine, dans les archives, la pratique assez faible de cette méthode. Surtout,

Captures d'écran extraites du film d'Alain Resnais consacré à Hans Hartung (1947)

31. *Ibid.*, p.5
32. Entretien de Hans Hartung avec Henri-François Debailleux, « L'art selon Hartung », *in Libération*, 18 août 1988.
33. Jean-José Marchand affirme : « Hartung peint comme Michaud écrit, dans une sorte de rage. » « Un néo-abstractiviste : Hans Hartung », *Combat*, 17 septembre 1947, p. 2.
34. Au prix d'une déformation assez substantielle de la vérité, Hartung laisse entendre qu'il doit le systématisme de la technique du report à Jean Hélion, alors qu'il la pratiquait bien avant leur rencontre. Voir Hans Hartung, *Autoportrait*, Paris, Grasset, 1976, p. 112.
35. François Pluchart par exemple, lors du changement de technique de Hartung au début des années 1960 (l'adoption d'un travail sur toile direct à l'aide de pulvérisation de peinture vinylique ou acrylique), explique : « Hartung fait au pastel la plupart de ses recherches, il les expose ensuite à l'huile. » François Pluchart, « Pignon et Hartung, avec ou contre l'histoire ? », *Combat*, 29 octobre 1962.
36. Michel Ragon, cité *in* Annie Claustres, *op. cit.*, pp. 109-110.

37. La consultation des pages de carnet d'atelier permet de mesurer combien Hartung était méticuleux en amont de ses créations mais également en aval, procédant de lui-même à des classements extrêmement rigoureux en vue de la cohérence et de la qualité parfaites de l'œuvre produite dans son ensemble (fig. p. 20).
38. Dans les entretiens avec Georges Charbonnier, Hartung déclare : « Un cri, par exemple, ce n'est pas de l'art. Un cri, ce n'est rien encore. Pour qu'un cri devienne art, il lui faut obéir à certaines lois très difficiles à définir. » Georges Charbonnier, *Le Monologue du peintre*, Paris, Julliard, 1959, p. 68.
39. À propos de foudre, ont été très souvent reprises, pour analyser l'œuvre de Hans Hartung, ses considérations — notamment consignées au début de son récit autobiographique — sur sa manière d'apaiser sa peur de l'orage pendant l'enfance en dessinant des éclairs. « Je ne me suis plus jamais laissé enfermer dans le corridor des orages. Désormais je voulais voir. Mieux : je dessinais. Sur un de mes cahiers d'écolier, j'attrapais au vol les éclairs dès qu'ils apparaissaient. Il fallait que j'aie achevé de tracer leurs zigzags sur la page avant que n'éclate le tonnerre. Ainsi, je conjurais la foudre. Rien ne pouvait m'arriver si mon trait suivait la vitesse de l'éclair. » Hans Hartung, *Autoportrait, op. cit.*, p. 7. Cette anecdote, qu'il faut se garder de surinterpréter, a du moins l'avantage de rattacher l'artiste à une tradition de l'empire sur la nature, de l'apprivoisement de ce qui est déchaîné, selon — encore une fois — une lignée plus apollinienne que dionysiaque. Il va cependant sans dire que nous ne faisons aucune hiérarchisation ici et ne considérons en rien une voie vaudrait « mieux » ou « davantage » qu'une autre. Il ne s'agit que d'une participation à la rectification historique à laquelle la Fondation Hartung-Bergman travaille depuis sa création. Quant aux cahiers d'écolier, ils demeurent malheureusement introuvables. Hartung a, un demi-siècle plus tard, en 1966, renoué avec cette obsession de la foudre et de sa capture en la photographiant au large de la Méditerranée (fig. p. 31).

Éclair, 1966
Photographie
de Hans Hartung

Hartung évoque bel et bien sa technique du report, mais bien trop sommairement, et en décalage trop prononcé avec la réalité historique, pour que cela infuse dans sa réception parmi les contemporains[34], lesquels, à quelques rares exceptions près[35], n'y font jamais allusion. Annie Claustres prit la peine de demander à Michel Ragon pourquoi Hartung avait conservé toute sa vie son « secret d'atelier ». Il répond :

> « Il l'a caché pour ne pas perturber son rôle de leader dans l'abstraction lyrique. Certainement. Il aurait été de toute façon ce qu'il a été, mais sur le plan médiatique, il aurait perdu quelque chose. [...] Le lyrisme était lié à lui. Justement. [...] C'est quelqu'un qui était assez muet, très gentil, [...] très affectueux, mais pas bavard, prudent[36] ! »

Il convient donc d'affirmer obstinément, contre le malentendu historique dont Hartung a été le bénéficiaire, ce qu'est son véritable lyrisme : celui propre à la voie apollinienne, fondée sur une totale capacité de contrôle de ce qui est effréné, énergique et éruptif. Il y a chez lui un enthousiasme à l'enregistrement sur le support d'un geste tellement sûr de lui-même qu'il est dégagé de toute entrave mentale ou physique et donne le sentiment d'une facilité désarmante, alors qu'il découle d'un acharnement dans la répétition. Son art se rapproche de cette vertu renaissante dite de la *sprezzatura*, de cette capacité au détachement qui véhicule une légèreté, une grâce, une apesanteur, au prix d'un travail très pensé d'effacement de la technique[37]. Hartung fait et refait les mêmes gestes, de ses 18 ans jusqu'à ses 85 ans, obsédé par l'accès à l'accord parfait, à l'unité totale : c'est l'art du chant, sans être celui du cri[38] ; du lâcher prise sans être celui de l'abandon ; de la foudre[39] sans être celui de la tempête.

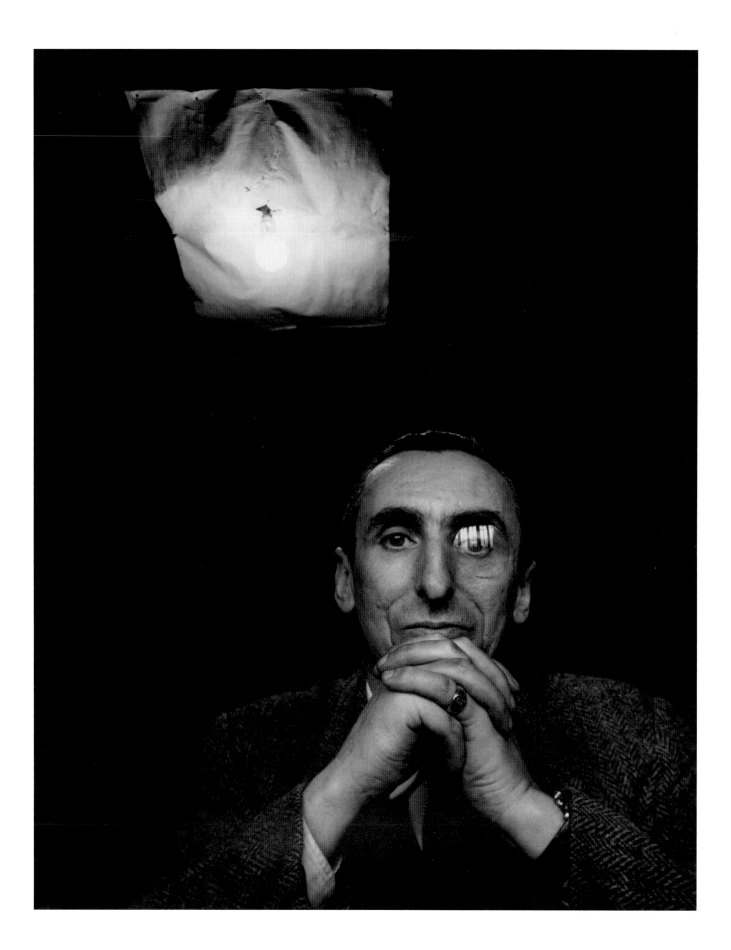

Juliette Evezard
Docteur en histoire de l'art

Le machiavélisme de Tapié selon Mathieu

L'abstraction lyrique et l'intensité du débat critique

Portrait de Michel Tapié
par Arnold Newman, 1954
Photographie argentique
sur gélatine,
25,4 x 21,6 cm

La lecture, en 1944, d'un ouvrage d'Edward Crankshaw, révèle à Georges Mathieu (alors âgé de vingt-trois ans) le fait que la peinture «n'avait pas besoin de représenter» pour exister. Cette lecture eut pour conséquence l'entrée du jeune peintre autodidacte en «non-figuration», comme on entrerait en religion. Il précisera, en 1963: «Non par les chemins formels, mais par la voie spirituelle.» Il ne fut cependant pas un cas isolé. D'autres que lui cherchèrent aussi à «recréer toute la spontanéité de leurs impressions[1]», dans l'élan d'un monde libre mais à reconstruire. Tandis que d'autres encore proclamaient, à l'inverse, que la valeur émotive du message d'une œuvre était intrinsèquement liée à l'agencement des lignes, des plans, des surfaces et des couleurs et défendaient, en somme, une abstraction formelle tout droit héritée du néoplasticisme de Mondrian.

De son côté, Hans Hartung, peintre allemand qui s'était engagé dès 1939 contre le nazisme, reprend son activité artistique après la guerre et expose au Salon de Mai, en 1946, des œuvres témoignant d'une recherche formelle centrée autour d'un vocabulaire de lignes franches qui découpent un espace animé par des bandes colorées. C'est cette «apparente» spontanéité gestuelle qui fait écrire à Léon Degand: «Voici le lyrisme de Hartung[2]». Dans un autre article où il reprend son expression de «lyrisme[3]», il soulignera le «courage de tous les instants, un mépris du confort» du peintre allemand, ainsi que son rôle de pionnier dans cet «art où tout est à créer», à l'instar de Kandinsky, évoqué par l'auteur qui rapproche ainsi tacitement ses «improvisations» de la véhémence des compositions de Hartung.

C'est ainsi que le terme «lyrique» fait son entrée dans la presse artistique, faisant planer l'ombre de l'auteur de *Du spirituel dans l'art* sur cette nouvelle génération de peintres, que Hartung — qui s'est pourtant toujours déclaré peu sensible à l'art de Kandinsky — semble précéder. L'année qui suit est une année décisive pour la nouvelle abstraction qui a trouvé son adjectif. Le 14 février 1947, la galerie Lydia Conti qui ouvre ses portes au 1, rue d'Argenson, présente sur ses cimaises la première exposition particulière de Hans Hartung. C'est un véritable «choc esthétique» dont témoignent dans la presse les critiques artistiques s'attardant — un peu rapidement, on le sait maintenant concernant Hartung, adepte du «report» — sur la spontanéité du nouveau langage abstrait du peintre d'origine allemande. Madeleine Rousseau préface le catalogue dans lequel elle écrit: «Seul, entre tous, Hans Hartung semble avoir employé spontanément le langage abstrait

1. Gaston Diehl, préface au catalogue de l'exposition *Douze peintres d'aujourd'hui (Bazaine, Borès, Estève, Fougeron, Gishia, Lapique, Le Moal, Manessier, Pignon, Robin, Singier, Villon)*, Paris, Galerie de France, 10 février-4 mars 1943.

2. Léon Degand, «Tendances des jeunes», *Les Lettres Françaises*, 14 juin 1946.
3. Léon Degand, «Jean Hartung», *Juin*, 3 décembre 1946.

pour dire son émotion devant l'univers […]. Aucune peinture ne peut nous paraître plus réaliste en son esprit que cet art abstrait de Hartung.»

Trois mois plus tard, le 23 mai 1947[4], un second choc esthétique se produit, place Vendôme cette fois : Georges Mathieu, alors directeur des relations publiques et de la publicité de la compagnie maritime américaine United States Lines, à Paris, découvre, à la galerie René Drouin, la première exposition de peintures de Wols. Cette manifestation, où se pressent entre autres Dalí, Paulhan, Malraux, a un grand retentissement. Mathieu relate ainsi sa visite vécue comme une révélation : «Quarante toiles : quarante chefs-d'œuvre. Toutes plus foudroyantes, plus déchirantes, plus sanglantes les unes que les autres : un événement considérable, le plus important sans doute depuis les œuvres de Van Gogh. Le cri le plus lucide, le plus évident, le plus pathétique du drame d'un homme et de tous les hommes. Je sors bouleversé de cette exposition. Wols a tout pulvérisé. Par ses quarante toiles magistrales, il vient d'anéantir non seulement Picasso, Kandinsky, Klee, Kirchner en les dépassant en nouveauté, en violence, en raffinement, mais — je le comprends sur-le-champ — Wols vient de tourner une page : avec cette exposition s'achève la dernière phase de l'évolution formelle de la peinture occidentale telle qu'elle s'est annoncée depuis soixante-dix ans, depuis la Renaissance, depuis dix siècles. Après Wols, tout est à refaire, et si je suis ému, c'est qu'il vient d'anéantir du même coup tout ce à quoi je suis parvenu dans la solitude, depuis trois ans, ces peintures que j'ai réalisées à Cambrai (1944), à Biarritz (1945), à Istres (1946) où j'ai employé le même langage que lui, je veux dire les mêmes moyens techniques : les taches, les coulées, les projections[5].»

En novembre 1947, la rétrospective du peintre géométrique Alberto Magnelli, organisée à la galerie René Drouin, connaît un grand succès et provoque un autre choc chez Georges Mathieu, mais cette fois, moins d'admiration que d'exaspération. Il écrira : «C'en est trop. Je décide de mettre immédiatement à exécution mon projet : réunir tout ce que j'estime constituer ce qu'il y a de plus vivant, rassembler les œuvres dans une exposition et les présenter en les situant historiquement, c'est-à-dire en révélant comment et pourquoi cette peinture qui naît n'a rien à voir avec ce qui continue d'être montré comme contemporain[6].» Au moment où Georges Mathieu est décidé à rassembler les peintres de l'abstraction spontanée en réaction à l'engouement des critiques et du public pour l'abstraction géométrique, il fait la connaissance personnelle de René Drouin, le

Michel Tapié de Céleyran entre deux de ses sculptures
circa 1940

directeur de la galerie éponyme, et de Michel Tapié de Céleyran (1909-1987). Ce dernier, artiste peintre, musicien de jazz, critique d'art et jeune collectionneur d'art premier, œuvre depuis 1947 au sous-sol de la galerie René Drouin comme directeur du Foyer de l'art brut que Dubuffet a ouvert le 15 novembre 1947[7], puis devient le conseiller artistique de la galerie après le départ du Foyer en août 1948[8]. Le jeune peintre invite Michel Tapié de Céleyran, de douze ans son aîné, à contempler les vitrines de la compagnie américaine qu'il met en scène, et l'emmène au Havre pour le baptême du paquebot *America*. Michel Tapié de Céleyran, de son côté, convie Georges Mathieu à l'accompagner lors de ses visites dans les ateliers des artistes dont il s'occupe pour la galerie Drouin. Une amitié naît entre les deux hommes. Michel Tapié de Céleyran trouve en Georges Mathieu, outre sa culture et son énergie créatrice, le peintre qu'il semble attendre. Il lui écrira : «Les cris des silencieux de votre espèce présentent toujours pour moi le plus haut intérêt, du fait d'abord de leur précieuse rareté, et bien plus de valeur de leur contenu, tellement loin de toutes les socialisations dans lesquelles s'étiolent toutes les branches de l'activité humaine[9].» Georges Mathieu, de son côté, est séduit, chez ce «cynique du dilettantisme», par «trois options fondamentales : l'option logique, l'option mystique, l'option dada», ajouté au fait qu'il soit «né d'une des familles du Languedoc[10]».

La naissance de l'abstraction lyrique

Afin de contrecarrer l'abstraction géométrique, le néo-constructivisme, l'héritage d'abstraction création, et révéler l'abstraction spontanée dont il se fait le héraut, Georges Mathieu organise trois «expositions de combats» où l'on retrouve des artistes pour lesquels Tapié de Céleyran manifestera aussi de l'intérêt[11].

La première, intitulée «L'Imaginaire», est organisée avec Camille Bryen, à la Galerie du Luxembourg dirigée par Eva Philippe[12]. Elle regroupe quatorze artistes abstraits non géométriques : Arp, Atlan, Brauner, Hartung, Leduc, Mathieu, Picasso, Riopelle, Solier, Ubac, Verroust, Vulliamy et Wols. Parmi les faibles échos de la presse, on notera ce que Pierre Descargues écrit dans *Arts* : «Il y a peu d'expositions qui aient un sens, celle-ci en possède un[13]». L'offensive antigéométrique est lancée. Dans le texte de présentation signé Jean-José Marchand qui figure sur l'invitation au vernissage, l'on trouve, pour la première fois, l'adjectif «lyrique» associé au nom presque barbare d'«abstractivisme». Jean-José Marchand aurait-il pris connaissance de l'expression de Léon Degand? Le mot commence à se diffuser dans la presse…

Après cette première expérience, Georges Mathieu est sollicité par Colette Allendy pour organiser, dans sa galerie[14] une exposition dont le titre «H.W.P.S.M.T.B[15]» est formé des initiales des noms des participants : Hartung, Wols, Picabia, Stahly, Mathieu, Tapié, Bryen. Le vernissage prévu le 15 avril est reporté au 22[16]. Dans le catalogue[17] édité pour l'événement, on trouve des reproductions d'une œuvre de chaque artiste — dont un bois de Michel Tapié de Céleyran — et des textes de certains des participants. Georges Mathieu signe «La liberté, c'est le vide» où il annonce : «La poésie, la musique, la peinture viennent en effet de se débarrasser des dernières servitudes : le mot, la tonalité, la figuration.» Quant au texte écrit par Michel Tapié de Céleyran («Éthique»), il défend l'idée que cette exposition à laquelle il prend part, si modeste soit-elle, a déjà sa place dans l'histoire de l'art. Dilettante et fidèle à l'esprit dadaïste, il finit son texte par cette phrase étonnante : «Au fait, si nous parlions d'autre chose.» Michel Tapié de Céleyran présente deux sculptures sur bois — assez surprenantes dans cette exposition — qui dénotent déjà une certaine transgression de l'idéal artistique que Mathieu est en train de mettre en place. Ce dernier, sur la réserve, évoque la participation de «l'artiste» ainsi : «Les deux sculptures présentées par Michel Tapié relevaient à la fois de dada et de l'art africain. Elles avaient le grand mérite d'être en rupture avec le classicisme figuratif en même temps qu'avec toute géométrie postcubiste. Elles eurent le plus grand mérite encore de déplaire furieusement à Charles Estienne[18].» Quant à ce dernier, il commente cette exposition dans *Combat*, le 5 mai 1948, dans un article

4. Une première exposition de dessins et d'aquarelles de Wols a eu lieu à la galerie René Drouin du 21 décembre 1945 au 12 janvier 1946.
5. Georges Mathieu, *Au-delà du tachisme*, éditions Julliard, Paris, 1963, pp. 35-36.
6. *Ibid*. p. 46.
7. Frédérique Villemur et Brigitte Pietzac *in Paul Facchetti, le Studio, art informel et abstraction lyrique*, Actes Sud, 2004, Paris.
8. Jean Dubuffet annonce le déménagement de la collection à Pierre Matisse, dans la lettre de Paris, 14 août 1948 (Dossier Pierre Matisse, Archives Fondation Dubuffet, Paris).

9. *In* «lettre inédite de Michel Tapié à Georges Mathieu, 10 janvier 1951» (Archives Tapié, Paris).
10. Georges Mathieu, *Au-delà du tachisme, op. cit.* pp. 56-57.
11. Brauner, Ubac, Atlan et Wols, Hartung, Stahly, Picabia, Fautrier, Bryen que Michel Tapié inclura en 1952, dans *Un art autre* (1952).
12. Du 16 décembre au 5 janvier 1947, 15, rue Gay-Lussac, Paris Vᵉ.
13. Georges Mathieu, *Au-delà du tachisme, op. cit.* p. 46.
14. Galerie Colette Allendy, 67, rue de l'Assomption, Paris XVIᵉ.
15. Nous renvoyons le lecteur à l'étude exhaustive d'Annie Claustres, *Hans Hartung, les aléas d'une réception*, Les presses du réel, 2005, Dijon, p. 28-37, qui met en

lumière la genèse de l'invention des appellations de la nouvelle peinture gestuelle, analysant précisément l'histoire des termes «abstraction lyrique», «informel», «tachisme». Voir aussi Annie Claustres, «Peindre une liberté nouvelle, Paris, 1945-1949» *in Repartir à zéro, 1945-1949, comme si la peinture n'avait jamais existé* (dir. Éric de Chassey et Sylvie Ramond), Hazan, musée des Beaux-Arts de Lyon, Paris, 2008, pp. 75-81 et Jean-Paul Ameline, «Une renaissance mouvementée (1945-1948)», *in Les sujets de l'abstraction* (dir. Éric de Chassey et Eveline Notter), Seuil, Milan, 2011, pp. 33-45.
16. Jean-Marie Cusinberche, *Mathieu, catalogue des œuvres annexes*, Palais Bénédictine, Fécamp 2003, n° 1, p. 19.

17. Plaquette achevée d'imprimer sur les presses de l'imprimerie d'Astorg le 22 avril 1948, galerie Colette Allendy, 67, rue de l'Assomption, Paris XVIᵉ. Camille Bryen signe l'article intitulé «L'œil est en face», Francis Picabia «Explications antimystiques», Georges Mathieu «La liberté c'est le vide», Wols.
18. Georges Mathieu, *Au-delà du tachisme, op. cit.* p. 52.

1
Couverture
et dos de l'invitation
« l'Imaginaire »
2
Catalogue de
«H.W.P.S.M.T.B.»
3
Carton d'invitation
de «Véhémences
confrontées »

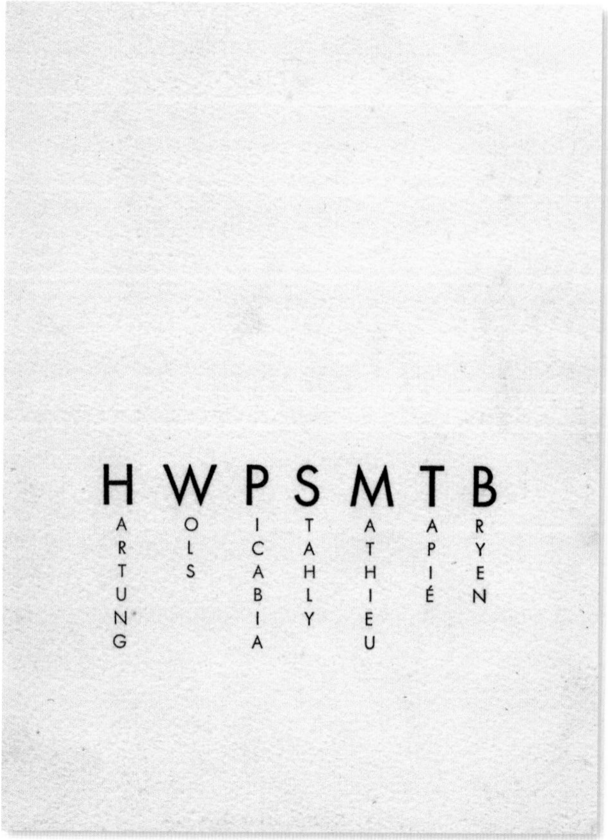

2

H W P S M T B
A O I T A A R
R L C A T P Y
T S A H H I E
U   B L I É N
N   I Y E
G   A   U

1

"l'imaginaire"

Galerie du Luxembourg

15, Rue Gay-Lussac, 15
PARIS Vᵉ ~ DANton 00-25

Tous les jours de 10 h. à midi et de 15 h.
à 18 heures. excepté le vendredi

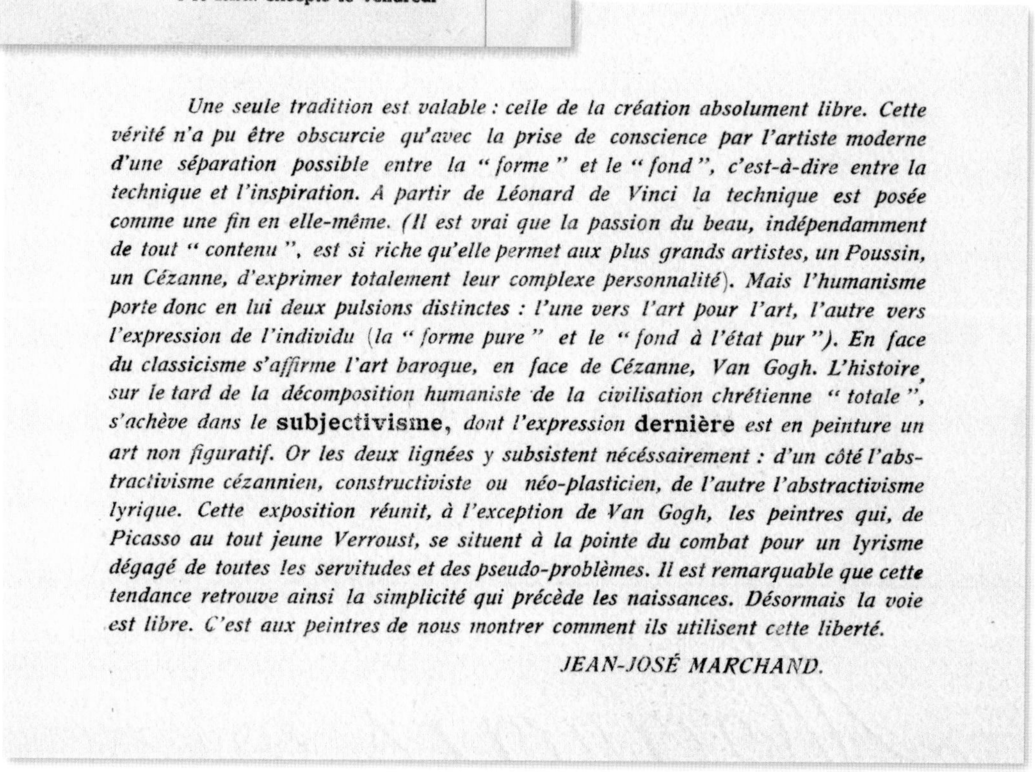

Une seule tradition est valable : celle de la création absolument libre. Cette vérité n'a pu être obscurcie qu'avec la prise de conscience par l'artiste moderne d'une séparation possible entre la " forme " et le " fond ", c'est-à-dire entre la technique et l'inspiration. A partir de Léonard de Vinci la technique est posée comme une fin en elle-même. (Il est vrai que la passion du beau, indépendamment de tout " contenu ", est si riche qu'elle permet aux plus grands artistes, un Poussin, un Cézanne, d'exprimer totalement leur complexe personnalité). Mais l'humanisme porte donc en lui deux pulsions distinctes : l'une vers l'art pour l'art, l'autre vers l'expression de l'individu (la " forme pure " et le " fond à l'état pur "). En face du classicisme s'affirme l'art baroque, en face de Cézanne, Van Gogh. L'histoire, sur le tard de la décomposition humaniste de la civilisation chrétienne " totale ", s'achève dans le subjectivisme, *dont l'expression* dernière *est en peinture un art non figuratif. Or les deux lignées y subsistent nécessairement : d'un côté l'abstractivisme cézannien, constructiviste ou néo-plasticien, de l'autre l'abstractivisme lyrique. Cette exposition réunit, à l'exception de Van Gogh, les peintres qui, de Picasso au tout jeune Verroust, se situent à la pointe du combat pour un lyrisme dégagé de toutes les servitudes et des pseudo-problèmes. Il est remarquable que cette tendance retrouve ainsi la simplicité qui précède les naissances. Désormais la voie est libre. C'est aux peintres de nous montrer comment ils utilisent cette liberté.*

JEAN-JOSÉ MARCHAND.

3

intitulé « Littérature et peinture [19] », et fait montre déjà d'une certaine animosité à l'encontre de Michel Tapié de Céleyran sculpteur, comme il le fera par la suite vis-à-vis du critique d'art : « Michel Tapié, animateur de l'art brut […], si le morceau de bois mort et peinturluré qu'il expose à la galerie Allendy est, comme il le dit, de "l'insaisissable formel", cette pseudo-culture me paraît surtout, je l'avoue, pas très belle et au fond bien inutile. Par bonheur, à la même galerie, deux splendides toiles de Hartung et deux bonnes sculptures de Stalhy […], un curieux Wols et Bryen et Mathieu. » Pour sa part, Denys Chevalier, dans *Arts* du 7 mai 1948, range Michel Tapié de Céleyran du côté des artistes de l'art brut et décrit ses sculptures comme des « monstres [20] ».

Une troisième exposition intitulée « *White and Black* » s'ouvre le lundi 19 juillet 1948 à la Galerie des Deux-Iles[21] dirigée par Florence Bank (ultérieurement connue sous le nom de Florence Houston-Brown). Michel Tapié de Céleyran y expose à nouveau (et pour la dernière fois) aux côtés des dessins, gravures et lithographies de Arp, Bryen, Fautrier, Germain, Hartung, Mathieu, Picabia, Ubac et Wols. Sur l'invitation on trouve un texte d'Édouard Jaguer et un autre intitulé « *Invite* » daté du 10 juillet 1948 (et traduit en anglais) de Michel Tapié de Céleyran où il n'emploie à aucun moment l'expression « abstraction lyrique », mais utilise le néologisme « informe ».

Après ces trois événements où Mathieu apparaît comme le chef de file de la nouvelle abstraction, celle que les critiques ont qualifiée de lyrique, il décide de mettre un terme à l'organisation d'expositions de combat et l'exprime avec une lucidité certaine : « Si donc, en cette fin de 1948, les manifestations de pur combat ont eu lieu, la victoire n'en est pas décisive pour autant. Je n'ai plus néanmoins le même acharnement à tenter d'informer. Conscient d'avoir accompli mon rôle, d'avoir fait tout ce qui était en mon pouvoir de faire, je sais que le temps est de mon côté, que la vérité finira par éclater au grand jour, que cette abstraction libre triomphera fatalement, et je devine même qu'elle risquera de donner lieu aux plus grandes confusions, aux plus grandes facilités [22]. » C'est alors que Michel Tapié de Céleyran est chargé de prendre le relais de Mathieu pour la défense de l'abstraction lyrique et promouvoir, dans le même temps, les œuvres de l'artiste.

19. Jean Dubuffet qualifie Charles Estienne d'imbécile, après la lecture de son article, dans sa lettre non datée qu'il adresse à Michel Tapié. Il écrit : « Article imbécile de l'imbécile Charles Estienne. » (boîte 35.1, Archives Tapié, bibliothèque Kandinsky).
20. Il écrit : « À côté de quelques très bonnes toiles de Hartung à l'écriture déliée et expressive, remarquons de nombreux dessins à la plume de C. Bryen. Colorés de teintes fraîches, ces dessins aquarelles vous introduisent dans un étrange univers végétal et minéral. Fervent défenseur d'art brut, Michel Tapié donne naissance à des monstres en assemblant diverses matières. Dans une racine ou un morceau de bois aux volumes sinueux et torturés, l'artiste plante des clous et encastre des pierres puis polychrome le tout […]. »
21. 1, quai aux Fleurs, dans le IVe arrondissement de Paris.
22. Georges Mathieu, *Au-delà du tachisme, op. cit.* p. 61.

Des intérêts communs

Mathieu ayant abandonné le fer pour le pinceau, la place de défenseur de l'abstraction lyrique ne demeure pas longtemps vacante. Très vite, d'un commun accord avec Mathieu, Michel Tapié de Céleyran, converti à cette cause[23] par son jeune ami plein de véhémence, s'en saisit ; c'est une occasion rêvée pour lui de se faire mieux connaître à Paris et dans le monde. La position de l'un arrange les affaires de l'autre : Mathieu devient le fer de lance de Tapié de Céleyran. Ce sont les œuvres de Mathieu que ce dernier présente à Malraux et sa femme, alors qu'ils sont de passage à la galerie René Drouin pour l'exposition « L'art brut préféré aux arts culturels[24] ». À cette occasion, Tapié raconte l'entrevue : « La première fois que furent montrées quelques œuvres de Georges Mathieu à André Malraux, celui-ci employa, pour le climat d'ensemble qui s'en dégageait pour lui, les adjectifs "soufrées" et "véhémentes", je ne crois pas que l'on puisse trouver de meilleur raccourci[25] ». On sait que le vocable « abstraction lyrique » n'existait que très peu sous la plume de Michel Tapié de Céleyran, qui lui préférait déjà le terme « informe » et, à partir de la rencontre de Malraux, il va se détacher peu à peu de la conception artistique de Mathieu au profit de celle malrucienne qu'il découvre et qu'il fera sienne lorsqu'il élaborera son projet particulier à partir de 1951.

Les prémices d'une émancipation

André Malraux devient, dès lors, une figure tutélaire pour Michel Tapié à qui il distillera, au gré de ses quelques lettres, son goût des voyages, sa curiosité et sa vision particulière de l'Asie, enfin sa propension à la comparaison. Michel Tapié lui fait part de son enthousiasme : « C'est si intéressant de voir la peinture avec vous, surtout de vous montrer de ces peintres nouveaux à la fois si tentants, mais pour lesquels on a en même temps si peur de s'emballer sur de mauvaises raisons momentanément passionnantes. J'aimerais beaucoup voir un jour, si cela est possible, de ces documents d'arts asiatiques qui excitent tant ma curiosité et vers lesquels je suis d'autant plus attiré qu'il est ici tellement difficile de les connaître pour le moment. En mettrez-vous dans votre nouvelle édition de la *Psychologie*[26] ? » C'est à partir de ce moment que Michel Tapié de Céleyran intègre dans son projet critique, d'abord fondé sur la conception de Dubuffet, puis sur celle de Mathieu, la dichotomie Orient-Occident venue de Malraux. Après la lecture des *Voix du silence* (1951) dont il s'entretient avec l'auteur, Michel Tapié de Céleyran s'approprie et transpose dans le monde occidental contemporain le discours que Malraux élabore à propos de l'art asiatique. En conséquence, sa propre pensée de « l'art autre » (1952) se construira, comme en filigrane, sur la pensée de l'art asiatique chez Malraux. L'on ne s'étonnera pas de le voir reprendre le terme « informel » développé par Malraux. Par cette expression, ce dernier rendait compte de l'idée de négation de la forme dans l'art des calligraphes japonais et y résumait toutes ses considérations sur l'abstraction des formes dans l'art asiatique et

23. Georges Mathieu écrira, *in Au-delà du tachisme*, p. 57 : « Je suis d'ailleurs le premier peintre non figuratif qu'il aime et je ne pense pas exagéré de dire que je suis responsable de sa conversion. »
24. Le 25 octobre 1949.
25. Michel Tapié, *Un art autre* (1952) s.p.
26. Lettre inédite de Michel Tapié à André Malraux, Paris, 26 septembre 1951 (Archives Tapié, bibliothèque Kandinsky, Paris).
27. Lettre inédite de Michel Tapié à Alexandre Iolas, 31 mars 1951 (Archives Tapié, Paris).

28. Lettre inédite de Michel Tapié à Alexandre Iolas, mercredi 10 janvier 1951 (Archives Tapié, Paris).
29. Lettre inédite de Michel Tapié à Georges Mathieu, 10 janvier 1951 (Archives Tapié, Paris) : « J'ai l'impression qu'au moment voulu, nous pourrons faire une exposition de vous sur les murs de Maeght : qu'un ensemble de vos dessins chez Nina Dausset peut être envisagé et réalisé dès votre retour. » Voir également lettre de Michel Tapié à Georges Mathieu, 10 janvier 1951 (Archives Tapié, Paris) : « Je vais aussi proposer à Nina Dausset de faire un ensemble non

figuratif (ou presque) avec seulement une œuvre, mais bien choisie de chacun des peintres Riopelle, Wols, Pollock. Ossorio en a apporté deux peintures, Hartung et vous-même. »
30. Georges Mathieu, *Au-delà du tachisme, op. cit.* p. 66.
31. Georges Mathieu, *ibid.* p. 66 : « L'exposition que j'avais appelée "Véhémences confrontées" réunissait pour la première fois un groupe qui n'était pas seulement franco-américain, mais véritablement international. »
32. Elle a lieu jusqu'au 31 mars 1951.
33. Guy Marester, *Combat*, 20 mars 1951 et 27 mars 1951.

extrême-oriental. Pour Michel Tapié, qui oppose à l'abstraction géométrique et au néo-constructivisme qu'il rejette la quête de « la forme transcendée », le terme « informel » est bien trouvé et va servir à la labellisation d'une mouvance d'artistes dont les recherches sont caractérisées par un faisceau de critères qu'il détermine empiriquement dans son livre intitulé *Un art autre*. L'abstraction lyrique devient alors une sorte de « sous-produit » de cet « art autre ». Par conséquent, Tapié s'éloigne de la conception esthétique de Georges Mathieu, au profit de sa vision personnelle qu'il n'aura de cesse de diffuser, au moyen de ses articles et de ses expositions itinérantes, dans le monde. Pour autant, il ne cessera de voir en Georges Mathieu l'un des meilleurs artistes du moment et un chef de file efficace sur lequel fonder son plan d'action pour devenir le critique de la nouvelle peinture et, par là, servir ses propres intérêts : « La notoriété et la combativité de Mathieu commencent à provoquer pas mal de réactions[27]. » En 1951, tandis que Mathieu est en Italie, Michel Tapié de Céleyran propose deux projets à Nina Dausset : d'abord « un petit ensemble de dessins au pinceau de Mathieu » et, ensuite, une exposition pour laquelle il souhaite rassembler Hartung, Mathieu, Pollock, Riopelle et Wols. Il fait part de ses idées à Alexandre Iolas[28] et lui fait savoir qu'à partir du 1er février, il a à rédiger seul le supplément artistique (4 pages) du *Paris-New Post* « abondamment distribué en France et aux États-Unis », achevant sa lettre par cette déclaration : « […] ça m'amuse, car je passe pour un des plus irréductibles adversaires de l'abstraction. » Par ailleurs, il imagine une exposition des œuvres de Mathieu sur les cimaises de la galerie Maeght et il soumet cette idée à l'artiste dans une lettre qu'il lui laissera au 129, boulevard Montparnasse[29] et que ce dernier trouvera à son retour d'Italie. Mais ces projets d'expositions des dessins et des peintures de Mathieu resteront à l'état de rêve. En revanche, Michel Tapié de Céleyran va mettre sur pied avec Mathieu, de retour d'Italie, une exposition de groupe connue sous le titre de « Véhémences confrontées ».

Georges Mathieu relatera en 1963 les faits en ces termes : « En rentrant à Paris, Tapié m'informe que l'on pourrait refaire, si je voulais, une confrontation telle que j'en avais faite trois ou quatre ans plus tôt, avec Pollock et de Kooning. Il venait en effet de se lier d'amitié avec un jeune collectionneur américain (Alfonso Ossorio) qui possédait des toiles de ces deux peintres. Je proposai d'y ajouter Alfred Russel avec qui j'avais organisé la première confrontation américaine à la Galerie du Montparnasse en 1948, et

surtout Capogrossi. […] Je refusai la participation des peintres figuratifs plus ou moins expressionnistes chers à Tapié, bien que je fisse une exception en faveur de De Kooning[30]. » Ce propos montre combien il lui fallut souvent éviter à Tapié — qui aspirait à ajouter sa touche personnelle — d'être entraîné par des glissements de terrain. Cette exposition[31], qui fait donc suite aux manifestations de combat organisées par Georges Mathieu en 1948 et 1949, s'ouvre le jeudi 8 mars 1951 à 17h[32], à la galerie Nina Dausset, 19, rue du Dragon, dans le VIe arrondissement parisien. Il est indiqué sur l'invitation et le catalogue-affiche : « Pour la première fois en France, la confrontation des tendances extrêmes de la peinture non figurative américaine, italienne et de Paris présentée par Michel Tapié. » Les artistes qui participent à cette exposition sont Bryen — que Tapié connaît depuis l'aventure des Réverbères en 1937 —, Capogrossi — que Mathieu vient de découvrir en Italie —, De Kooning — qu'Ossorio et Dubuffet ont fait connaître à Tapié —, Hartung — qui a déjà exposé avec Mathieu et Tapié —, Mathieu — le titre de l'exposition provient d'un jugement de Malraux sur sa peinture —, Pollock — qu'Ossorio et Dubuffet ont fait connaître à Michel Tapié —, Riopelle — qui s'est installé à Paris depuis 1946 et que Mathieu connaît depuis 1947 grâce à Pierre Loeb —, Russel — que Mathieu a rencontré dans le cadre des *United States Lines* —, Wols — dont Tapié et Mathieu soutiennent l'œuvre et qui apprécient l'homme. Le catalogue est imprimé sous la forme d'une affiche double face. D'un côté, chaque artiste a signé un texte qui encadre la présentation sur deux colonnes de Michel Tapié. Une épigraphe de Francis Picabia rappelle les sentiments d'admiration que Michel Tapié éprouve à l'égard du groupe dadaïste, modèle, selon lui, pour son « abstrait-expressionnisme », de la nouvelle avant-garde qu'il souhaite parrainer. Camille Bryen évoque, dans son texte, la naissance d'une nouvelle peinture « vierge encore des investissements et des étiquetages des critiques d'art » et des œuvres « qui ne représentent plus rien », ne « tendent plus à exprimer ». Y figure aussi un extrait du *Manifeste* du groupe Origine (signé de Ballocco, Burri, Capogrossi, Colla), paru dans le catalogue de leur première et unique exposition du 15 janvier 1951 à Rome. Georges Mathieu avait fait la rencontre de Burri et Capogrossi, lors de son voyage en Italie. Ces jeunes peintres prônent alors une peinture anti-décorative, la réduction de la couleur à sa fonction expressive, ainsi qu'à la simplification des formes jusqu'à devenir élémentaires. Unanime, la critique va ironiser sur l'hermétisme du texte de Mathieu[33], dont voici un extrait : « Seul le recours au principe d'individuation hylémorphique d'une "haeccélité" quantiquement définie *qua substantia fit haec* " peut encore se concevoir comme le dernier moyen de l'achèvement volitif actuel de l'individu… » Mais c'était sans connaître les intentions du peintre, qui s'envisageait comme un « dandy solitaire » : « J'avais cherché à créer un monde qui n'appartiendrait qu'à moi, je m'acharnais à obscurcir ma pensée à la façon des ésotéristes pour protéger la vérité, ma vérité, et tentais de m'exprimer à la façon des alchimistes des XIVe et XVe siècles [34]. » Alfred Russel, quant à lui, nourrit, dans son texte publié en anglais, le mythe des jeunes peintres américains qui se seraient débarrassés des contraintes d'une tradition picturale, de celles du public et des systèmes marchands, comme des critiques d'art. Jean-Paul Riopelle établit une évolution de la peinture en attribuant une avancée vers l'abstraction à chaque apparition d'un courant historique : les impressionnistes « éclatent accidentellement l'objet », les cubistes qui manquent « d'un esprit aventureux » tout comme les fauves demeurent attachés à la notion traditionnelle du « beau ». Quant aux surréalistes, ils sont avides de reconnaissance. Riopelle conclut sur le peintre de la nouvelle peinture qui est libre de toutes contraintes. Dans un encadré, figure le « rappel de quelques manifestations antérieures » qui signifient que « Véhémences confrontées » fait partie des trois manifestations de combats initiées par Georges Mathieu. De l'autre côté du catalogue-affiche, on trouve la reproduction de neuf œuvres des artistes exposés ainsi qu'un diagramme de Michel Tapié : autour d'une abscisse divisée en deux parties (« A. Formalisme » et « Formalisme ») et d'une ordonnée qui est elle-même divisée en deux (« Universalité objective » et « Subjectivité expressivité »), Michel Tapié partage le schéma en quatre zones titrées, où il positionne des points qui représentent les artistes de l'exposition. Ainsi Pollock, Riopelle et Bryen se situent-ils dans « Organico-psychiques – non-expression » ; Wols se place dans « Amorphiques expressifs » ; Capogrossi, Russel, De Kooning, Hartung dans « Expressivités formelles ». La quatrième partie du schéma, intitulée « Formalisme abstrait », est noircie — blacklistée —, car c'est contre elle (l'abstraction géométrique) que Michel Tapié et ses artistes s'érigent. Mathieu est situé à part et appartient à la « Métaexpressivité » à l'extrémité de l'abscisse. Seul l'extrait de l'article de Jean-José Marchand paru à l'occasion de *L'Imaginaire* (décembre 1947), intitulé « Vers l'abstractivisme lyrique », rappelle l'expression que la critique semble alors attribuer — seule — à la nouvelle tendance défendue par Mathieu et Tapié.

Ce dernier écrit à Alexandre Iolas : « Cette petite exposition m'a donné beaucoup de plaisir, malgré les ennuis de ma santé qui n'en finissent pas. Il y a eu un climat de manifeste et un instant très passionné ; de plus en plus rare à Paris où les gens ne réagissent plus que si rarement [35]. » Dans le texte de Michel Tapié, on notera que l'auteur emploie pour la première fois le néologisme « informel », qui n'est pas sans rappeler le terme « informe » dont Georges Bataille avait donné sa propre définition dans son dictionnaire paru dans la revue *Document* en 1929 : « Ainsi informe n'est pas seulement un adjectif ayant tel sens mais un terme servant à déclasser, exigeant généralement que chaque chose ait sa forme [36]. » Pour Michel Tapié, le mot « informel » qui sert à « déclasser », c'est-à-dire à sortir des catégories institutionnelles de l'art, permet de nommer un ensemble d'artistes dont les œuvres présentent des caractéristiques communes. Il achève ainsi son texte et manifeste, au centre du catalogue-affiche : « Chacun a abordé le domaine indéfini de l'informel avec son propre tempérament, dans une liberté vis-à-vis de ce que l'on appelait l'art qui leur a permis de se laisser aller dans cet inconnu. » Michel Tapié y manifeste son mépris pour « les troupeaux » et « les académismes » et sa morgue contre ces derniers n'est pas sans faire référence au texte de Charles Estienne à qui, on le devine, les qualificatifs de « triche », de « punaises de vernissage » ainsi que de « pseudo-théologien, tard venus aux activités artistiques » sont destinés. Michel Tapié se positionne contre la peinture qu'il nomme « abstraite », c'est-à-dire l'abstraction géométrique qui, selon lui, continue à « composer » selon des formes constructives et des schémas en perspective comme les valeurs et les proportions qui ont fait la peinture classique. Il entrevoit une aventure ailleurs et autrement qui n'a pas encore de nom mais qui existe, représentée par une poignée d'individus qui ne forment pas de groupe et qui s'activent dans l'isolement et l'humilité. S'octroyant une position de visionnaire parmi les critiques d'art, il rappelle, par deux fois, la formule de saint Jean de la Croix (« Pour aller

34. Georges Mathieu, « Wols ou la revanche des puissances de l'ombre », catalogue *Wols*, Institut Goethe, Paris, 1986, n.p.
35. Lettre inédite de Michel Tapié à Alexandre Iolas, 31 mars 1951 (Archives Tapié, Paris).
36. « Chronique » rubrique « dictionnaire », *Document* n° 7, décembre 1929.
37. *Spazio*, Rome, juillet-août 1951.
38. *Combat*, 20 mars 1951.

39. Charles Estienne, « Architecture et peinture », *L'Observateur* n° 49, 25 mars 1951.
40. Michel Seuphor, *Art d'aujourd'hui*, série 2, n° 5, avril-mai 1950, p. 29.
41. Pierre Descargues, « Véhémences confrontées », *Arts*, 16 mars 1951.

Photographie par Paul Facchetti de Georges Mathieu
peignant, le 19 janvier 1952, *Hommage au maréchal de Turenne*
au Studio Facchetti

où tu ne sais pas, tu dois aller par où tu ne sais pas ») et écrit dans un texte consacré à l'exposition pour une revue italienne : « Il est évident que le devenir historique de l'art est désormais à l'échelle mondiale[37]. » La critique est partagée sur l'efficacité de l'exposition « Véhémences confrontées » : Guy Marester, peu convaincu par les œuvres exposées, mais attentif au catalogue, écrit : « Véhémences confrontées ! Sous ce titre, c'est une exposition manifeste que présente actuellement la librairie Nina Dausset et les œuvres, peu nombreuses, peuvent être considérées comme les illustrations d'un abondant catalogue où se trouvent défendues contre le formalisme abstrait les positions multiples, voire divergentes, occupées par les peintres de races, de milieux, de cultures, d'expériences absolument disparates [...][38]. » Charles Estienne, piqué au vif, répond à Michel Tapié et précise que l'exposition ne correspond pas aux promesses du catalogue : « L'anarchie n'est que le signe le plus extérieur du réel, et Michel Tapié le sait bien [...] qui nous explique fort clairement, avec la truculence la mieux étudiée, que le savoir c'est le non-savoir et le style le non-style...

L'exposition elle-même est d'ailleurs de qualité inégale, et dans cette "confrontation des tendances extrêmes de la peinture non figurative américaine, italienne et de Paris", j'ai surtout aimé les œuvres de Hartung, Wols et de Bryen reproduit sur le catalogue de préférence à celui qui est exposé. Pour les Kooning et Pollock [...], Mathieu et Riopelle, mon élégie est encore plus ou moins à faire[39]. » De son côté, Michel Seuphor, défenseur de l'abstraction géométrique et désormais ouvert à la nouvelle abstraction, de retour de son voyage aux États-Unis, se targue, dans sa critique de l'exposition, de son rôle précurseur dans la découverte des artistes américains. Il marque une réserve sur le choix de Jackson Pollock, qu'il va même jusqu'à qualifier « d'aimable et plus calme décorateur de grande surface », déplore l'absence de Tomlin, Kline et de De Niro et ironise sur le « beau pâté » de Georges Mathieu[40]. Pierre Descargues, pour sa part, loue l'initiative de Michel Tapié et considère que « tous les peintres qui sont présents ont un point commun : le désir de montrer un choc, un drame, une bataille, un mystère, le désir d'égaler le mouvement psychologique de la pensée et non celui de montrer l'équilibre parfait de la beauté. [...] leur mérite est d'annexer à la peinture un domaine peu fréquenté de l'âme[41] ». Le terme d'« abstraction lyrique » disparaît bel et bien sous la plume de Michel Tapié, qui efface ainsi toutes traces de l'ancien chef de file qu'était Mathieu ainsi que celles de ses confrères critiques d'art.

L'abstraction lyrique selon Georges Mathieu

En 1951, dans son article « Esquisse d'une embryologie des signes », Mathieu définit clairement ce qu'est l'abstraction lyrique en la confrontant avec l'art informel version Tapié. Dans ce texte essentiel, l'on comprend que ce qui importe à Mathieu, c'est l'efficacité d'une œuvre, c'est-à-dire que celle-ci doit être vecteur d'émotions. Dans son explication, Mathieu s'en réfère aux structuralistes qui étudient les moyens de transmission d'un message. Le postulat des structuralistes étant : la structure — d'un langage vecteur essentiel d'intelligibilité, de communication et qui permet, en outre, de véhiculer la tradition — incarne ce qui ne change pas et permet de retrouver une permanence de concepts ; ainsi un code doit être traduisible dans un autre code. Et Mathieu d'écrire : « La liberté ne sert qu'aux libérations, mais elle ne vaut que si la libération des formes enchaînantes d'un langage fait place à une organisation nouvelle de formes et de signes élaborant à leur tour

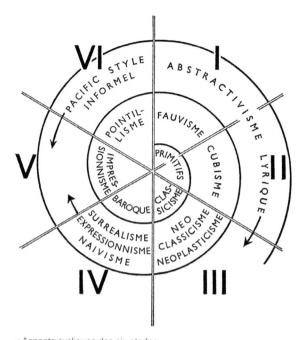

« Aspects cycliques des six stades
de l'embryologie (1951) »
p. 169 d'*Au-delà du tachisme* de Georges Mathieu
1963, Éd. Julliard

un autre langage. » L'on comprend que sa peinture est signifiante. Ainsi, lorsqu'il écrit « […] étudions les étapes qui vont de l'informel au signifiant », il laisse entendre que sa peinture qui est « non figurative lyrique » n'est pas informelle. Il écrit plus loin : « L'expression "signifiant de l'informel" est, en effet, en soi, un non-sens. L'informel est, par définition, non signifiant. » Pour lui, « l'informel » c'est le chaos ; il ajoute : « [L'informel c'est] l'utilisation de non-moyens ou de moyens sans signification possible. […] le point mort, le terrain vague, en pleine anarchie, en plein vide, en pleine liberté[42]. C'est une période intermédiaire. » Dans son explication et selon le schéma en spirale (fig. ci-dessus) qui illustre l'article, l'abstractivisme lyrique appartient à la phase I : « la recherche des signes en tant que signes ». C'est « le premier temps de la structuration », celle qui rend la peinture signifiante. L'abstractivisme lyrique, selon Mathieu, correspondrait également au stade qu'il appelle « la reconnaissance des signes » ou « l'incarnation ». Les signes, écrit-il, y « sont à leur efficacité maxima ». Ainsi l'abstraction lyrique n'appartiendrait donc pas au troisième stade de l'embryologie qu'il appelle « le formalisme » ou « l'académisme », ni au stade IV qu'il baptise « le baroque » ou « l'exagération », dans lequel il range avec un peu de mépris le surréalisme, l'expressionnisme, la figuration naïve… L'abstraction lyrique échappe tout

autant au cinquième stade, qu'il nomme « la déstructuration des formes » dans laquelle il range l'impressionnisme. Enfin, c'est au sixième stade que l'on peut voir apparaître « *Pacific style* ; informel », qui est « le moment qui précède et prépare les nouvelles voies [sous-entendu l'abstraction lyrique] ». L'on comprend que pour Mathieu, l'abstraction lyrique est la phase qui initie une nouvelle histoire de l'abstraction. Ainsi, les œuvres de Georges Mathieu sont abstraites lyriques et participent de l'inauguration d'un nouveau cycle de l'abstraction signifiante et efficace, parce qu'elles sont régies par une structure qui leur est propre. Dans son ouvrage, *Au-delà du tachisme* (1963), Georges Mathieu ira jusqu'à parler de « la gangrène informelle[43] » encouragée par Michel Tapié, « qui confond volontiers la figuration et la non-figuration », et qu'il nomme « le fossoyeur de toutes les renaissances », « le promoteur de toutes les anarchies ». De son côté, Tapié persistera dans son parti pris et organisera une seconde exposition l'année suivante (juin 1952) : « Les signifiants de l'informel II » réunissant Bryen, Gillet, Martin, Mathieu (français), Donati, Pollock (américains), Riopelle (canadien), Serpan (français d'origine roumaine).

Michel Tapié, le « machiavélique »

Pour son exposition particulière qui se tient en janvier 1952 au Studio Facchetti, Mathieu relève le défi — ce qui n'est pas pour lui déplaire. Il a tout juste le temps de prendre les dimensions des cimaises, afin de faire réaliser les quatre châssis faits sur mesure de ses œuvres à venir. Le samedi 19 janvier 1952, il peint dans le Studio Facchetti, en moins de trois quarts d'heure, *Hommage au maréchal de Turenne*, une huile sur toile de 2 x 4 mètres. Paul Facchetti photographie le peintre en pleine action (fig. p. 41). Ces photographies prendront une dimension internationale due à la comparaison qui en sera faite avec le reportage photographique dû à Hans Namuth filmant, à l'été 1951, Pollock en train de peindre dans son atelier. Le vernissage de l'exposition a lieu le jeudi 24 janvier 1952 à 15h. Le catalogue contient le texte de Michel Tapié intitulé « Le message signifiant de Georges Mathieu » (repris en français et en anglais dans l'exposition

42. Georges Mathieu, « Esquisse d'une embryologie des signes », *Au-delà du tachisme, op. cit.* pp. 164-171.
43. Georges Mathieu, *Au-delà du tachisme, op. cit.* p. 58.

Georges Mathieu (1921-2012)
Machiavel I, 1952
Huile sur toile
130 x 162 cm
Collection particulière, Paris

Mathieu, en 1952, chez Iolas, à New York), ainsi que la liste des œuvres exposées : *Hommage hérétique* (1951 – dédicacé : « Pour Michel Tapié / Mathieu 51 »), *Hommage à Philippe III le Hardi*, *Hommage au maréchal de Turenne*, *Hommage à Godefroy de Bouillon*, *Hommage à Machiavel* (fig. p. 43). L'artiste avait offert l'*Hommage hérétique* au critique[44], en hommage à son engagement depuis qu'il avait organisé sa première exposition particulière à la galerie René Drouin, tout en manifestant ironiquement ses réticences devant les théories « hérétiques » de Tapié sur l'abstraction lyrique. De même, l'*Hommage à Machiavel* est ainsi titré, en référence à Michel Tapié. En effet, dans son livre *Au-delà du tachisme*, Georges Mathieu relève à propos du critique : « Toutefois, effrayé par la profusion de médiocrités qu'il n'a cessé machiavéliquement ou non d'encourager, il [Michel Tapié] écrit en juillet 1957 : "Jamais ne s'était autant fait sentir l'exigence d'une extrême sinon inhumaine rigueur"[45] ». Georges Mathieu, qui entretenait jusqu'alors des rapports intellectuels, artistiques et amicaux privilégiés avec Michel Tapié, n'hésite pas, dès 1951, à porter la contradiction au système théorique et marchand que le critique lance sur la place publique. Peut-être est-ce en réaction aux reproches formulés par Mathieu ou orientés par ce dernier que Michel Tapié s'aventure davantage à parler de « signe », notion qui apparaissait sous la plume du critique, d'abord comme un moyen permettant de transcender la forme, parce qu'il est gestuel, impulsif et sans référence. Pour Tapié, le signe devient, à partir de 1954, un élément constitutif d'un ensemble organique qu'il nomme « structure ». Ainsi, Tapié voit chez Mathieu des « paraphes immenses et rapides », des « flous générateurs d'ambiances[46] » ; il décrit le signe de Carla Accardi comme un « élément de structure, structure même[47] » ; parle de Claire Falkenstein comme avançant « en pleine connaissance de cause dans ce domaine inépuisable des structures les plus généralisées de la véritable abstraction où la liberté garde et multiplie ses possibilités d'investigation et d'expression[48] » ; associe Sam Francis à la topologie des ensembles et du voisinage[49] ; voit chez René Guiette les « textures structurelles » comme chez Tobey, Falkenstein et Serpan[50] ; quant à Jeanne Laganne, elle « en est à l'un de ces miraculeux moments où la généralisation abstractive engendre à tous coups son homologue contradictoirement ambigu qu'est la signifiance structurée ».[51] Il semblerait que Michel Tapié tente d'adopter un vocabulaire et des références communs à Mathieu, afin de pouvoir mieux assimiler l'abstraction lyrique à l'art informel.

La querelle des « sous-produits » de l'abstraction lyrique

« L'éclosion de sous-produits », c'est ainsi que Georges Mathieu qualifie le tachisme et l'informel qui sont, selon lui, « les formes de dégradation », « la répétition de gestes libérateurs à un moment où il n'y a plus rien à libérer »…

Au mois de novembre 1953, Pierre Guéguen publie dans *Art d'aujourd'hui* un article intitulé « Le bonimenteur de l'académie tachiste » ; le bonimenteur, c'est Charles Estienne ! L'auteur de l'article se désole des usages dont fait Charles Estienne, des différentes appellations de genre pour qualifier la nouvelle peinture de l'époque. Pierre Guéguen écrit : « Le grand critique se drape modestement dans la peau du surréalisme, du séraphisme qu'il souille, de l'art brut, de l'autrisme qu'il n'a pas évidemment inventés, mais dont il attire à lui, tout doux, les couvertures[52]. » Au-delà d'accuser Charles Estienne d'usurper l'invention de ces termes qu'il emploie à mauvais escient, cet extrait nous révèle l'importance de cette course des critiques d'art vers une reconnaissance de la mémoire collective qui préoccupe aussi Michel Tapié. De même que l'on doit à Louis Vauxcelles les termes « fauvisme » et « cubisme », chacun des critiques d'art se veut, par le titre qu'il lui trouvera, l'unique à être associé à la

44. On notera que *Hommage Hérétique* est dédicacé : *Pour Michel Tapié / Mathieu 51*. *Cf.* Entretien de l'auteure avec Jean-Marie Cusinberche, 14 août 2014.
45. *Cf.* « L'aventure informelle », *Gutaï*, numéro spécial, 1957, Kyoto, Japon.
46. Michel Tapié, texte paru au catalogue de l'exposition *Tendances actuelles*, au musée de Berne, janvier 1955.
47. Michel Tapié, dans son texte monographique *Carla Accardi* édité par la Galleria la Salita de Rome en novembre 1957.
48. Michel Tapié, texte pour l'exposition

« Falkenstein », galerie Rive Droite, Paris, janvier 1956.
49. *Cf.* le texte de Michel Tapié paru au catalogue de l'exposition *Sam Francis*, galerie Rive Droite, Paris, juin 1956.
50. Michel Tapié, dans son texte paru au catalogue de l'exposition *Guiette*, Galerie Stadler, Paris, novembre 1955.
51. Michel Tapié *in* texte paru au catalogue de l'exposition *Laganne*, galerie Stadler, Paris, mars 1956.
52. Pierre Guéguen *in Art d'aujourd'hui* n° 7 de la série 4, novembre-décembre 1953, cité par Georges Mathieu *in Au-delà du tachisme*, *op. cit.* p. 86.

53. Elle est dirigée par Sophie Babet, Félix Labisse, Jo Dupin, Georges Goldfayn. André Breton en est le directeur artistique.
54. *Combat Art* n° 4, 1er mars 1954.
55. Annie Claustres, *Hans Hartung, les aléas d'une réception*, *op. cit.* p. 204.
56. *Cf.* Georges Mathieu *in Au-delà du tachisme*, *op. cit.* p. 86.
57. Georges Mathieu *in Au-delà du tachisme*, *op. cit.* p. 86.
58. *Combat Art* n° 6, 19 avril 1954.

nouvelle peinture : Michel Tapié pour l'informel, Jean-José Marchand pour l'abstraction lyrique, Charles Estienne pour le tachisme. Lorsque Pierre Guéguen écrit que Charles Estienne « se drape modestement dans la peau du surréalisme », il attaque la collaboration du critique d'art — qui commençait à partir du mois de mars 1953 — avec la galerie À l'Étoile scellée, ouverte depuis le 5 décembre 1952 au 11, rue du Pré-aux-Clercs à Saint-Germain-des-Prés [53] que dirigent André Breton et Benjamin Péret. Le programme de cette galerie mêle alors les artistes « tachistes » de Charles Estienne aux peintres surréalistes d'André Breton.

Dans son élan conquérant et profitant de la période creuse que connaît alors Michel Tapié, Charles Estienne publie dans *Combat* [54], au mois de mars 1954, un article intitulé « Une révolution : le tachisme historique, esthétique » où il tente d'officialiser son invention « dont le titre s'imposera dans l'Histoire [55] ». Toutefois, il ne manque pas d'évoquer Michel Tapié en lui imputant l'intuition d'un nouvel art ; Charles Estienne écrit : « Le critique Michel Tapié proclamait que l'art non figuratif devait être "autre". Autre que la géométrie froide et sans contenu. Enfin, bon nombre d'isolés — de ceux qui devaient plus tard se rapprocher dans le groupe d'octobre — repartaient à zéro, et non de la géométrie mais de la matière, de la substance même de leur peinture, prissent-elles au besoin la forme de taches […]. La première rupture a lieu à l'occasion du Salon de Mai 1952, où quelques jeunes se plaignent violemment, et avec quelques raisons semble-t-il, d'avoir été mal accrochés. À l'un d'entre eux, Néjad suggérait alors "mais faites-le donc, votre salon". Ainsi est né Octobre. » L'on comprend par cet extrait que Charles Estienne établit son Salon d'octobre — qu'il avait créé, en effet, le 10 mai 1952, en réaction aux salons officiels tels le Salon des réalités nouvelles presque entièrement dédié à l'abstraction froide et le Salon de Mai où les artistes comme Néjad se sentaient mal accrochés [56] — comme l'événement fondateur du tachisme au détriment d'*Un art autre*, le livre et l'exposition. L'année suivante (du 1er au 29 octobre 1953), Charles Estienne organise, à la galerie Craven (5, rue des Beaux-Arts), son deuxième Salon d'octobre, cette fois en hommage à Picabia. Soucieux à l'idée que Charles Estienne eut pu voler sa place de leader dans la bataille entre tachisme et informel, Michel Tapié avait dissuadé les artistes de sa constellation d'y participer, tout en publiant dans le catalogue un article intitulé « Actualité de Picabia ». Par ailleurs, Édouard Jaguer écrivit « Picabia et les sortilèges »,

Roland Penrose signa « *Crystal clear* » et Christian Dotremont livra « nous irons dans les bois et nous y laisserons des lauriers ».

L'article du mois de mars 1954 de Charles Estienne suscite de vives réactions : le 5 avril 1954, *Combat Art* publie un article consacré à la polémique sous le titre « Le tachisme est-il un uniforme ? » dans lequel on peut lire les réponses de quelques-uns des opposants déclarés à Charles Estienne, réunies et adressées au journal par les soins de Michel Tapié et Georges Mathieu. L'on y trouve Pierre Alechinsky — alors démissionnaire du comité du Salon d'octobre — qui signe une lettre ouverte « Historique et violon d'encre », Georges Mathieu qui accuse Estienne — dont l'article décrié « arrive sept ans trop tard » — « d'avoir triché sur les dates », Jean-José Marchand qui riposte par un article « Lettre à Charles Estienne sur un mot malheureux » en forme de mise en garde à l'adresse du critique. Pour Marchand, « le rôle du critique d'art est d'indiquer les nuances » et il refuse toute idée d'école qui classifie. Selon lui, « la classification adoptée jusqu'ici, "abstrait géométrique" et "abstrait lyrique", avait l'avantage d'être à la fois large et précise ». L'on comprend alors qu'il se soit rangé du côté de Michel Tapié dont « l'art autre » a le mérite de refuser les classifications. Autre opposant ayant répondu, Édouard Jaguer écrit « Révolution d'octobre ou 18 brumaire ? » en soulignant le fait que Charles Estienne a passé « sous silence l'apport magistral constitué dès 1943 aux États-Unis par l'œuvre des Pollock, De Kooning, Rothko, Baziotes, Reinhardt, Motherwell », en plus de celui des artistes italiens et allemands… et Jaguer de conclure sa riposte par le rappel des expositions fondatrices organisées par son ami Michel Tapié : « Véhémences confrontées » et « Les signifiants de l'informel ». Quant à l'article envoyé par Michel Tapié, il est alors carrément jugé impubliable [57].

Toutefois, deux semaines plus tard, le 19 avril 1954, paraît la longue riposte de Michel Tapié : une lettre ouverte intitulée « Le tachisme est un académisme [58] ». Le titre fait référence au manifeste de Charles Estienne *L'art abstrait est-il un académisme ?* La légende établissant le Salon d'octobre comme l'événement fondateur de la nouvelle peinture sous la tutelle de Charles Estienne, dans l'article de ce dernier, n'a pas échappé à Michel Tapié, qui fulmine cependant tellement qu'il rappelle le passé de défenseur d'« abstraction froide » d'Estienne contre laquelle « Véhémences confrontées » s'était érigée précocement : « La première rupture à l'occasion du

Salon de Mai 1952, après quoi, enfin, naquit Octobre et le tachisme, je proteste, et je ne suis pas le seul, au nom de l'honnêteté d'information. Quelles que soient vos intentions, M. Estienne, vous êtes en retard, et vous recommencez le coup, comme en 1944 avec ce lancement de l'abstraction froide : maintenant, vous voulez recommencer avec les poncifs d'une tendance qui m'est chère et je proteste. Ce n'est pas faire du bon travail que de révéler des tendances résultant *a posteriori* d'inventions de pionniers ayant œuvré individuellement, pour en faire un étendard *a priori* (un maniérisme, un éclectisme, un académisme) pour un troupeau de jeunes poncifs de deuxième ou troisième couche. Il me semblait très peu important que vous vous démeniez pour une abstraction géométrique dépassée […]. » Michel Tapié conclut son article sur une note caustique faisant implicitement référence au poème que Charles Estienne avait publié dans le catalogue *Octobre* intitulé « Le courlis et le crapaud » : « M. Estienne qui, je le sais, fait grand cas du professionnalisme en matière de critique d'art, ferait peut-être mieux de ne pas toucher à des domaines où une rigueur scientifique s'accommode mal de nébuleuses poétiques octobrisantes. » Charles Estienne, amer, lui écrira six mois plus tard : « Mon cher Tapié, vraiment, je regrette que vous n'ayez pas été là pour comprendre, comme j'ai regretté alors l'absence au deuxième Salon d'octobre de ceux à qui, de votre propre aveu, vous aviez conseillé de ne pas y être, cependant que vous nous donniez tout de même un texte sur Picabia[59]. » C'est enfin Michel Ragon, fin analyste, qui conclut l'affaire du « tachisme » par son article, établissant, sans confusion, ses conclusions : « Critique des critiques — À la tienne, Estienne », paru dans *Cimaise* n° 7 (juin 1955). Il évoque le passé de Charles Estienne qu'il considère avoir été, à « l'époque héroïque », le « héraut de l'abstraction » — c'est bien ce qui contrariait Michel Tapié — et critique les revirements de l'inventeur du tachisme qu'il passe rapidement en revue ; il écrit : « On pourrait faire une anthologie des revirements de Charles Estienne, qui a si souvent changé son porte-plume d'épaule. » Michel Ragon met le doigt sur les contradictions de Charles Estienne, qui n'occupe plus la scène artistique de l'avant-garde, mais passe du tachisme au tachisme surréaliste, voire au surréalisme académisant : « […] il invente le tachisme qui est une tendance à la peinture non confuse, une peinture rigoureuse, ordonnée, réglée par des lois strictes. Du tachisme, qui déjà sortait de l'art abstrait proprement dit pour entrer dans le domaine surréalisant de l'inconscient, Charles Estienne en arrive enfin au surréalisme académique en préfaçant Toyen. » Le tachisme que Charles Estienne a voulu définir par des règles pseudo rigoureuses, tout en l'assimilant au surréalisme qui incarne pourtant la vieille garde, a été la cible des critiques d'art conquis plutôt par un informel moderne établi par Michel Tapié, libre d'un passé et affranchi de règles strictes dictées par un chef de file.

La fin d'une amitié

Invité par Germaine Richier à participer au Xe Salon de Mai, à partir du 25 avril 1954, Mathieu avait peint, ce jour même, un dimanche, en deux heures de temps, *La Bataille de Bouvines* (2,50 x 6 mètres), dans les ateliers Calmels de la rue Marcadet, à Paris, qu'il avait loués et où étaient réalisées les grandes affiches fixées sur la façade des cinémas de Paris. À cette occasion, Michel Tapié écrit, au mois de novembre 1954, un texte intitulé *1214* qu'il signe « Michel Tapié de Céleyran », d'abord publié dans un tiré à part, avec un poème d'Emmanuel Looten et des photos de Robert Descharnes montrant l'artiste exécutant son œuvre, puis repris dans *Art News* (février 1955) : « *Mathieu paints a picture*[60] ». Dans ce texte, Michel Tapié, peut-être poussé par les remontrances privées et publiques de Mathieu, raconte la genèse du tableau et aborde la question de l'abstraction lyrique en précisant le sens que lui donne Mathieu. Il écrit : « Mais attention au terme d'abstraction lyrique lorsqu'il s'agit de Georges Mathieu… Ici, le terme lyrique doit être dépouillé de tout contenu romantique, et transcendé. » Malgré les tentatives d'autocorrection de Tapié, les collaborations entre les deux hommes se feront plus rares. L'on observera que lors du voyage au Japon (septembre 1957) de Tapié et Mathieu, les deux hommes ne resteront que très peu de temps ensemble, marquant l'un et l'autre leur territoire personnel. Et quand, à peine un mois plus tard, Carlo Cardazzo

59. Charles Estienne *in* « Dont acte », article publié dans *Combat Art* n° 5, 5 avril 1954.
60. « *X… paints a picture* » est une chronique récurrente dans la revue américaine *Art News*. « *Pollock paints a picture* » par et illustrée par Hans Namuth a été révélatrice de l'art de la personnalité de Pollock. Tapié écrit « *Mathieu paints a picture* » avec des photos de R. Descharnes et publiera (décembre 1955) « *Fautrier paints a picture* ».

exposera Mathieu (du 19 octobre au 4 novembre 1957) à la Galleria del Naviglio (Milan), le catalogue de cette exposition comportant un texte signé du prince Igor Troubetzkoy ne fera pas figurer de texte de Michel Tapié, qui avait pourtant déjà œuvré de concert avec le galeriste italien. Mathieu prend ses distances avec Tapié à qui il adresse une lettre désinvolte, voire blessante, dans laquelle il lui annonce être en contrat avec Carlo Cardazzo pour l'Europe et annule par conséquent l'exclusivité de Michel Tapié sur la vente de ses œuvres. Georges Mathieu écrit : « Mon cher Michel, je vous annonce avoir pris un contrat à Milano avec Carlo Cardazzo, qui doit s'occuper de mon travail pour l'Europe. Étant donné qu'il m'assure les "phynances" je me vois obligé de désétablir nos rapports. J'entends par ceci que la lettre par laquelle je vous prie de vous occuper de mes tableaux à Paris doit être oubliée, annulée. Je n'ai plus eu de vos nouvelles, ce doit être, j'imagine, que pour vous mon travail peut avoir de l'intérêt, mais non pas pour vos "gens"… (!) J'espère que vous vous entendrez avec Cardazzo et que vous puissiez arranger quelque chose ensemble. Mathieu. *P.S.* : Je me souviens qu'on se TU TU, je t'aime bien tu sais ?[61] » Cette lettre, rédigée dans une écriture nerveuse loin de celle dont il use pour les courriers officiels, annonce la fin — définitive — des relations amicales et professionnelles entre les deux hommes. Georges Mathieu aurait-il été piqué par le changement des activités de Tapié, qui, en 1957, n'agit plus que très occasionnellement à la galerie Rive Droite (où Yves Klein, rival de Georges Mathieu, prend de l'importance) et se consacre désormais à ses activités au sein de la galerie Stadler, laquelle destine son programme exclusivement aux peintres à révéler ? Mathieu, qui n'était plus un artiste à découvrir, n'aurait donc pas sa place dans les activités parisiennes de Michel Tapié ? Ou bien Mathieu se serait-il lassé des multiples incartades de Tapié, qui, par ignorance ou pour son profit personnel, aurait nui à la définition précise que fit Mathieu de l'abstraction lyrique ? La rupture des deux hommes n'aura cependant pas permis une définition plus rigoureuse de l'abstraction lyrique, qui, selon du côté où l'on se positionne, témoigne des caractéristiques picturales de l'art informel définies dans un art autre ou bien le dépasse.

61. Lettre inédite
de Georges Mathieu
à Michel Tapié, [octobre 1957],
(Archives Tapié, Paris)

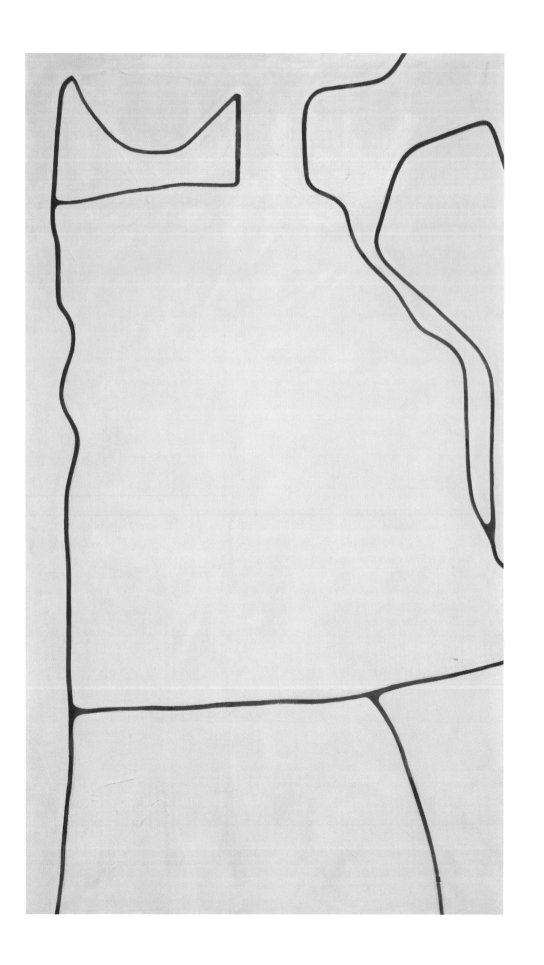

Mélodie en sous-sol
Les lyriques contemporains, ces peintres méfiants

Emil Michael Klein
[Untitled], 2014
Huile sur toile, 191 x 110 cm
Courtesy de l'artiste et de la galerie
Gaudel de Stampa

La peinture lyrique, voire le seul mot de «lyrique» sont en quelque sorte infréquentables aujourd'hui. L'appellation, loin d'être protégée, semble avoir été jetée aux orties. On ne s'étendra pas ici sur les inventeurs de ce label, sur son heure (il a marqué l'histoire de l'art), on n'en rappellera pas non plus les origines ni les circonstances historiques de sa naissance. Non pas seulement parce que d'autres auteurs s'en sont chargés dans ce catalogue bien mieux qu'on ne pourrait le faire, mais aussi parce que c'est de sa fin, pour ne pas dire sa déchéance, de l'écho que s'en sont fait de nombreux auteurs, qu'on commencera. «À s'être trop vite imposée comme mode, cette abstraction lyrique ou informelle s'est dévaluée dans ses nombreux épigones, jusqu'à faire oublier par la répétition des suiveurs les qualités qui la firent connaître», conclut ainsi Jean-Luc Daval[1]. Ou bien Philippe Dagen, plus récemment : «La répétition des procédés, une maîtrise trop visible sont les dangers qui menacent cet expressionnisme, dangers contre

lesquels Hartung ne se prémunit pas également dans toutes ses toiles.» Les procédés? «Faire de la tension le ressort principal de l'œuvre, […] privilégier le dynamisme du geste, l'élan de la main, et refuser toute idée de reprise comme d'étude préparatoire. Le dessin et la toile naissent dans l'urgence et d'elle, genèse mouvementée, dont les traces font l'œuvre[2]». Être lyrique alors impliquait de se laisser déborder par la peinture, dans une espèce d'abandon de soi. Une irrésolution. Une manière de se jeter sur la toile, de jeter la peinture sur la toile, comme on se jette à l'eau. Pour voir quelles ondes, quelles secousses, quelles traces ces sauts produisent. Place nette est laissée aux sauts de l'âme qui se traduisent physiquement en tressautements nerveux de la main, en expansion fulgurante de la ligne, renflée, bandée ou non en arc. Qui ne vise rien d'autre que sa pure et noble tension. Car il ne s'agit plus de trop calculer, de trop planifier. Mais de peindre d'instinct, en gestes soudains, voire aberrants (on y reviendra). C'est, à bien des égards, une peinture lâchée, pas relâchée, mais détachée (des règles de composition rationnelle de la peinture abstraite édictée par le néo-plasticisme et le Bauhaus; mais aussi de toute exigence de résultat; puis de son auteur). Lequel cherche à s'oublier en multipliant les erreurs de parcours, tandis que le tableau avance et se fait comme malgré lui. Et on tient là un des paradoxes du lyrisme pictural. Faisant grand cas de ce qui lui échappe, l'œuvre, le tableau, la peinture, la composition, les formes, leurs vies, leurs trajectoires, leurs relations entre elles, leurs manières de négocier avec le fond les conditions de leur apparition, leur tenue, leur rendu, cet art-là s'expose, plus vite que d'autres, à être rattrapé par un certain maniérisme. Ce sera décisif: on verra que les peintres lyriques aujourd'hui sont des peintres méfiants.

1. Jean-Luc Daval,
Histoire de la peinture abstraite,
Paris, Hazan, 1988, p. 125.
2. Philippe Dagen,
L'art français : le XXᵉ siècle,
Paris, Flammarion, 2011,
p. 378.

À force de se déprendre du savoir-faire, du savoir peindre, de ne plus y toucher, de ne plus rien réguler, les lyriques historiques sont soupçonnés de le faire exprès. C'est comme s'ils étaient tapis dans un coin, pinceau à la main, et qu'ils disaient que ce n'est pas de leur faute si ces dégoulinures, ces coups de brosse, ces zébrures étaient advenues. C'est la faute à pas de chance. C'est un accident. C'est en partie cette sacralisation de l'accident qui a valu aux peintres lyriques de finir par lasser et par passer de mode. Le public avait en quelque sorte repéré le truc et les peintres furent soupçonnés, à tort ou à raison, d'avoir trop tiré sur la corde. La magie n'opérait plus. Elle était devenue une formule, une formule moins magique que logique. Autant dire un sésame, une martingale, une équation, un calcul. Au-delà de la peinture lyrique, c'est d'ailleurs toute la peinture gestuelle qui a pu ainsi être suspectée de prévoir, alors même qu'elle était censée être le résultat d'une intuition. Qu'elle était censée se faire à tâtons. Ce qui fait dire à Irving Sandler que « dès 1958, il était devenu évident que la plupart des peintres gestuels peignaient dans un style connu — et reconnu. […]. La peinture gestuelle qui était expressive et de qualité le restait, certes, mais ce style n'était plus assez difficile pour constituer un défi[3]. » Elle était devenue, s'inquiète-t-il, « prévisible ». Mieux, « selon John Ferren, elle était, ajoute-t-il, brute, viscérale, "culottée", et américaine… une certaine imitation de la vitesse — 500 kilomètres à l'heure. Noir et blanc bien sûr, avec peut-être une autre couleur, à condition qu'elle soit sale ». Ajoutant que le tableau devait avoir un aspect « maladroit et bourbeux ». Helen Frankenthaler taclait, elle, « le malhabile bien léché[4] ». D'autres tiquaient sur le recours systématique à « tous les trucs du métier, la brosse qui traîne en laissant sa trace, les petits accidents (dans une mesure raisonnable), la feinte négligence, et la violence soigneusement préméditée[5] ».

Que retenir de ces critiques ? D'abord que s'y exprime, parfois presque à regret, une forme de lassitude, de celle qui survient devant un phénomène de mode qui, saturant l'espace, finit par manquer de peps et d'ailleurs de tout ce qu'on veut. Le lyrisme était finalement trop à la mode et ses armes ont fini par s'émousser. Cette baisse de tension ne lui est pas propre. Peu de mouvements y échappent. Umberto Eco, dans *L'Œuvre ouverte*, se penche sur ce désintérêt, quand « la forme cesse d'être pour nous stimulante ». Il écrit : « Ce recul a évidemment parmi ses causes un relâchement de l'attention, une sorte d'accoutumance aux stimuli : d'une part,

les signes qui les composent à force d'être mis au point engendrent une sorte de satiété et semblent émoussés ; d'autre part, les souvenirs qui viennent s'intégrer à la perception, au lieu de rester les produits spontanés d'une excitation de la mémoire, se présentent avec l'habitude comme des schémas tout faits […]. La forme est pour un temps épuisée. Pour donner à la sensibilité une nouvelle fraîcheur, il faut lui imposer une longue quarantaine[6]. »

Le lyrisme sort-il de cette quarantaine ? Sans doute, c'est l'une des ambitions de l'exposition. Mais, d'une quarantaine, pour filer la métaphore d'Eco, on en sort guéri, si on ose dire. On en sort en ayant recouvré des forces. On en sort néanmoins marqué par cette expérience de mise au placard. On en sort changé. De fait, l'exposition, nourrie de peintres contemporains, ne cherche pas à s'en tenir à la lettre du mouvement « peinture lyrique ». Le sujet quitte le domaine du mouvement avec ses bornes esthétiques et chronologiques, avec ses membres officiels (ceux qui s'en réclament) et même avec ses membres récalcitrants — puisque, qu'ils le veuillent ou non, leur pratique sera jugée longtemps à l'aune de ce dont ils se sont émancipés. Le terme désigne dès lors davantage une tonalité qu'un genre de peinture, voire une attitude, celle du peintre face à la peinture en général, à son travail, à l'époque, plutôt que seulement une catégorie de l'art abstrait.

Le tout est de voir, certes, ce qui a changé, mais aussi ce qui est resté. Et, de manière plus risquée, ce qui, en apparence, est exactement pareil, mais qui a malgré tout, au fond, complètement changé. Avant d'y revenir, on peut déjà émettre cette hypothèse : si formellement les lignes, les courbes, les arcs de l'abstraction lyrique sont toujours bandés pareils sur les toiles, si les motifs virevoltent également, leur sens en revanche n'est plus du tout le même.

Les caractéristiques propres au lyrisme se sont donc sans doute diluées ou ont muté au fil du temps. La grille des critères s'est effilochée, distordue, enrichie de nouveaux traits et appauvrie de certains autres. Si bien que paraphrasant Baudelaire, on pourrait dire que le lyrisme « est fait d'un élément éternel, invariable, dont la quantité est excessivement difficile à déterminer, et d'un élément relatif, circonstanciel, qui sera, si l'on veut, tour à tour ou tout ensemble, l'époque, la mode, la morale, la passion[7] ». Or, la mode a eu et continue à avoir un impact curieux sur les peintres lyriques. La mode, on l'a vu plus haut, dans ce qu'elle peut avoir de consensuel, de routinier, de goût trop collectivement partagé. Dépasser la mode, ce sera aussi dépasser les habitudes prises par le peintre au travail et qui finissent par guider la toile, la ramollir. De fait, pour les peintres lyriques, il y a une manière de faire hoqueter la peinture. À moins que ce ne soit la peinture elle-même qui titube et hoquette devant le peintre.

Charline von Heyl, parlant de son passage par la *bad painting* (qu'on pourrait voir comme un rejeton abâtardi de l'abstraction lyrique), confiait en 2015 : «J'avais besoin de ce rire nerveux et fou de plaisir nerveux («*giddy giggle of delight*»), qui vient quand on fait quelque chose d'embarrassant et de totalement "faux" et qui, étonnamment, non seulement marche, mais peut en fait aboutir à un tableau. C'était un moyen de parvenir à un résultat véritablement étrange et inattendu ; de réaliser un travail qui me gênait, et défiait mon propre goût. C'était quelque chose que je devais apprendre pour d'abord me comprendre moi-même, et espérer pouvoir aller plus loin[8]». On pense à cette phrase de Starobinski : «Qui se cherche se perd, et qui consent à se perdre se trouve[9]».

Le lyrisme n'est plus dans cet élan sûr de lui, dans une phrase un trait qui s'élance comme un éclair à travers la toile. Il sonne faux. Se fait volontiers «stupide». C'est le mot qu'emploie Albert Oehlen pour qualifier sa série des *Grey Paintings*. «Prenons les *Grey Paintings*. C'était une idée idiote : pourquoi Gerhard Richter donne-t-il toujours des coups de brosse dans un sens bien précis ? Et pourquoi pas dans un autre ? Cette idée me trottait dans la tête, mais je n'avais pas prévu de l'exploiter. Elle était trop stupide[10]».

Difficile d'expliquer ce pressentiment qu'une peinture soit «fausse» (*wrong*) ou «stupide». Surtout quand elle est abstraite. On voit assez bien quand une toile figurative peut être stupide, grotesque ou farcesque, mais il est moins admis qu'une toile abstraite peut l'être (ce serait une étude à mener, et si on a quelques idées sur le sujet, ce n'est pas tout à fait le nôtre ici). Disons qu'il s'agit peut-être d'échapper à des normes ou des lois (celles du tableau, de la composition, du marché, du bon goût). Y échapper pourquoi ? Là aussi on fera preuve de simplicité en proposant cette hypothèse : les artistes échappent aux normes pour ne pas s'ennuyer ou pour être singuliers. Mais ils le traduisent en actes. Ils en passent par des procédures non seulement bizarres et insolites, mais aussi nombreuses et contradictoires, se fiant ainsi à des réactions en chaîne qui aboutissent pourtant à des impasses, qui, elles-mêmes, suggèrent de mettre en place d'autres procédures tout aussi imprévues et tout aussi inattendues. Albert Oehlen le raconte longuement : «Et puis un jour, j'étais en Espagne, très loin de tous les magasins de fournitures pour artistes, et je n'avais plus de peinture à l'huile noire. J'avais des couleurs dont je ne me sers pas beaucoup, des verts et un rouge. Donc si je les mélangeais, je devais obtenir quelque chose d'assez proche du noir ou du gris foncé. C'est ce que j'ai fait. […] J'ai pris ce mélange noir pour suivre mon idée au sujet de Richter. J'ai peint un oiseau, un carré, un anus, comme l'aurait fait Richter. J'ai brossé dans tous les sens en pensant très fort aux peintures de bougies. Soudain, j'avais un tableau qui me fascinait. J'ai su tout de suite que j'allais continuer dans cette voie. Mais la peinture qui paraissait noire dans le pot ne l'était pas sur la toile. Je devais ajouter encore un peu de rouge. Ensuite, je devais brosser dix fois de bas en haut pour enlever tout le rouge. Les coups de brosse transformaient tout. C'est intéressant d'être obligé d'appliquer dix fois chaque coup de pinceau. On ne peint pas du tout de la même façon que si on appliquait les touches du premier coup en fonction du résultat voulu[11]».

À dire vrai, tout cela relève de la cuisine et des basses œuvres. Tout cela est laborieux et le peintre ne s'en cache pas, détaillant longuement (on insiste) un processus méthodiquement hasardeux, ou par hasard méthodique. Grâce à ce récit brouillon et technique à la fois, il nous semble cependant qu'on peut mieux comprendre deux choses : la première a trait à cette

3. Irving Sandler, *Le triomphe de l'art américain – les années soixante*, Marseille, Carré, 1990, p. 11.
4. *Ibid.*
5. *Ibid.*
6. Umberto Eco, *L'Œuvre ouverte*, Paris, Points Seuil, 2015, p. 57.
7. Cette définition originelle s'appliquant, comme on le sait, au «beau» chez Baudelaire. Voir Charles Baudelaire, «Le peintre de la vie moderne»,

Critique d'art, suivi de critique musicale, Paris, Gallimard, 1992, p. 345.
8. Charline von Heyl, entretien avec Isabelle Graw, «*Our love for painting*», *Düsseldorf : Paintings from the early 90's.*, Petzell Gallery, New York, 2015, p. 22.
9. Jean Starobinski, «Stendhal pseudonyme», *L'œil vivant*, Paris, Gallimard, 1961, p. 240.
10. «Albert Oehlen, entretien avec Judicaël Lavrador»,

in Albert Oehlen, Archibooks, Carré d'Art, musée d'Art contemporain de Nîmes, 2011, p. 19.
11. *Ibid.*

question du geste — qui traîne partout dès lors qu'il s'agit de l'abstraction lyrique historique. Qualifié là, le plus souvent, d'emporté, de fulgurant, d'expansif, d'urgent, il se révèle, en fait, ici, hésitant, chaotique, successivement réfléchi et spontané. Les lyriques peuvent bien se presser, ils reviennent sans arrêt sur leurs pas. Une fois la ligne d'arrivée franchie, ils prennent un tour de pénalité. Il leur semble que la peinture réclame plus ou moins. Qu'elle les incite en cours de route à revenir piteusement sur leurs pas. Un tel cheminement nuance d'ailleurs ce que la peinture gestuelle pouvait, soi-disant, recéler de virilité.

Et puis, deuxième chose qu'on commence à mieux comprendre : le sens du mot « stupide » tel que l'utilise Oehlen. Car, il est *a priori* stupide d'accorder de l'importance au sens du coup de brosse. Imagine-t-on une exposition ou bien un livre qui répertorierait les œuvres selon le sens du pinceau ? Pour le coup, de sens, ce n'aurait pas l'air d'en avoir beaucoup. Et pourtant. Il faut bien admettre que c'est à ce bâton-là, le bâton de marche de la peinture : le pinceau, à son maniement entre les doigts, du pot à la toile et de la toile au pot. Au pinceau et puis, après tout, à bien autre chose encore.

Charline von Heyl peut reprendre : « Et donc, au lieu d'utiliser les qualités calligraphiques de la brosse, qui ne peut aller que dans une "bonne" ou bien une "mauvaise" direction, j'ai exploré d'autres manières d'appliquer la couleur. Par couches successives, avec les mains, avec des éponges ; comme un pur pigment, comme une pâte enrichie de sable, du papier mâché, de la poussière, ou bien l'aérosol ; en frictionnant la toile de couleurs, en abandonnant les couleurs, en appliquant des glacis colorés, en utilisant du polyuréthane, des huiles, des acryliques, ou n'importe quoi d'autre que j'avais sous la main […]. En fait, il y avait finalement très peu de virtuosité consciemment investie là-dedans [12] ».

Polke de même renonce à paraître virtuose. « Je ne sais pas peindre… Je ne suis capable de vivre que dans les toiles. Peindre, c'est automatique », affirme-t-il en préférant s'en remettre aux « esprits supérieurs ! ». « Effectivement, rappelle l'historienne de l'art Bice Curiger, entre 1966 et 1969, Polke a invoqué les "esprits supérieurs" : "Je me tenais face à une toile et je voulais peindre un bouquet de fleurs. Alors j'ai reçu l'ordre des esprits supérieurs : pas de bouquets de fleurs ! Peindre des flamants ! J'ai voulu continuer, mais j'ai vite compris qu'ils étaient sérieux" [13] ».

Qui sont ces « esprits supérieurs » ? On ne se risquera pas à les identifier, ni à reconvoquer la figure pour Polke du mage romantique, ou de voir chez lui une actualisation picturale de l'aède. On verra ça comme une plaisanterie, une blague qui lui permet de se départir des décisions prises et surtout de la justification de quoi que ce soit. La toile est une piste d'atterrissage pour des motifs venus d'ailleurs et prêts à repartir aussi sec, aussitôt secs, devrait-on dire. La peinture lyrique pèche ici dangereusement du côté du transitoire. Le tableau s'attrape au passage (du pinceau) et non pas dans sa planification. Tout peintre lyrique courrait donc, en quelque sorte, en se mettant à pied d'œuvre, à la catastrophe. Il se soumet au ressac, au trafic.

Polke assortit la boîte à outils du peintre d'instruments divers et variés. Il recourt au stylo à bille, aux tampons, à la gouache. Qu'il applique sur des papiers bon marché, des toiles mal apprêtées, voire pas faites pour ça : des toiles à matelas, des nappes, des tissus d'ameublement, des rideaux, des torchons. Ces surfaces trop molles ou trop âpres laissent bientôt le sujet en lambeaux. Comme s'il n'adhérait plus, qu'il se décollait en même temps que se dissipait le diktat de ces images menteuses. Or, ce que découvre peu à peu Polke, c'est une espèce de point G de la peinture, une zone jouissive et excentrique, un îlot insituable sur la carte qu'il faut repérer en se fiant à son instinct et se laissant happer par les courants tourbillonnants et les vents contraires qui vous ballottent entre le support, la couleur et les images. C'est ce à quoi les tableaux de Polke vont alors ressembler parfois : à des vieux murs décatis ou à des cieux nuageux qui brillent de reflets compliqués, tantôt crépusculaires, tantôt ensoleillés. Lui qui fut d'abord apprenti chez un maître verrier travaillera le tableau comme une surface translucide, laissant apparaître des images derrière ou sous la première, ménageant un double-fond au tableau et faisant de la peinture un puits sans fond. Il y descend sans retenue, empruntant les routes zigzagantes des psychotropes, surtout dans les années 1970, où il vit un temps dans une communauté hippie, avant de voyager en Afghanistan, au Mexique et en Australie, puis en Papouasie-Nouvelle-Guinée. Où il touche du doigt la texture perdue des couleurs. Là-bas, chez les aborigènes, nul tube. Les pigments s'obtiennent de minerais, de métaux, réduits en poudre et mêlés de salive, d'eau, d'extraits végétaux. Du coup, l'atelier de Polke, de retour à Cologne, devient celui d'un alchimiste, élaborant des mixtures secrètes à base de mica ferreux, d'azurite, de vernis d'ambre, d'oxyde d'argent, d'or, de cuivre, de lapis-lazuli, mais aussi de laque ou de résine synthétique. Et puis de l'arsenic. Tout cela bout et cuit, dégageant des vapeurs toxiques, avant de continuer à macérer sur les toiles qui les boivent goulûment pendant des jours et des jours. « Polke laisse certains tableaux pendant des mois en position horizontale, ils se courbent à force de servir de réservoirs à des lacs de vernis [14] », constate un jour Harald Szeemann. C'est dire si la vitesse d'exécution de la toile est à relativiser. En revanche : « Il faut regarder vite. Vous devez être vraiment rapide lorsque vous regardez mes tableaux. Vous devez les surveiller, les emporter au lit avec vous, ne jamais les perdre de l'œil. […] Avec des tableaux qui sont eux-mêmes changeants, il faut vous engager si vous voulez suivre le courant. Autrement, vous êtes en dehors du coup [15] », disait Polke.

Christopher Wool tente lui aussi obstinément de rester toujours « dans le coup » vis-à-vis de ses propres œuvres. L'Américain s'est fait connaître dans les années 1990 par ces tableaux de phrases ou de mots tronqués dépeints en lettres noires raides comme des piquets : « TR/BL » ou « DR/NK » ou encore « FE/AR » égrenaient ainsi dans les grandes largeurs un lexique de crise, de panique, de dérèglement psychologique. Tableaux de maux donc, abandonnés parce que, dit Christopher Wool, il n'y a pas tant de mots intéressants, et puis parce qu'il avait fini par trop savoir où cela le menait : là où il avait prévu. Or, l'artiste n'aime rien tant que peindre en lâchant prise, en attendant l'accroc qui vient effilocher le maillage dans lequel il était pris. À commencer par ses propres motifs, des lignes tracées au spray ou bien de larges coups de brosse qui sont ensuite sérigraphiés sur toile. Mais l'écran de sérigraphie est trop petit pour couvrir en une seule fois l'immense surface des tableaux. Le même écran y est donc appliqué à plusieurs reprises, dans tous les sens, à l'endroit, à l'envers, en empiétant ou pas sur l'empreinte précédente. Plus l'action se répète, plus le motif initial devient opaque et disparaît sous ces différentes strates. Seules en réchappent alors quelques lignes rebelles, elles-mêmes vite rattrapées par des coups de peinture qui viennent en rajouter une couche et rectifier la composition.

Les transferts successifs permettent à l'artiste de se perdre en cours de route. Deux ou trois matrices lui suffisent. Guère plus. D'une toile à l'autre, la même courbe au spray, cabossée, surchargée, essoufflée, altérée, noyée sous une nuée de taches noirâtres, ou bien pimpante comme à la première heure va se retrouver, mais à différentes intersections. Un coup, elle prend à droite, une autre fois, elle fait un tout droit. C'est un travail de ressassement, un travail de sape : réalisées à partir d'images de peintures sérigraphiées, les traces de pinceaux, les coulures, les coups de brosse ont finalement l'air distant, comme calciné ou fossilisé. C'est une abstraction en forme de champ de ruines en quelque sorte, et qui cependant essaie de se reconstruire. On y verra un écho de la situation de la peinture abstraite dans les années 2000 : hantée par les tentatives passées depuis les avant-gardes du début du XXe siècle, par son histoire, la peinture de Christopher Wool tente de réchauffer un médium froid, de lui faire subir un choc. Comme si son travail consistait surtout à mélanger les cartes ou les outils visuels (la ligne, les taches, le rapport du fond à la forme, des pleins aux vides) pour ensuite rendre le tableau, la peinture, à nouveau d'attaque.

Chez Shirley Jaffe, les contours sont nets et non pas baveux. Les blancs sont nombreux qui laissent les formes, courbes, spirales, boucles, angles et vagues nettement distincts. Comme si elles étaient posées là, disponibles, mais pas encore tout à fait prêtes à jouer entre elles. Sauf, que si, le jeu a déjà commencé : les formes virevoltent, se bousculent, slaloment entre elles. Elles apparaissent toutes un peu de guingois. Elles titubent dans des soubresauts dynamiques, que viennent étayer leurs couleurs primesautières. Le tableau est toujours porté par cet affolement réjouissant, mais qui risque de lui faire perdre la boule. « Un jour, j'ai même vu une parenté entre un flipper et certaines formes qui entraient dans mes tableaux [16] », confiait ainsi Shirley Jaffe.

Les peintres lyriques seraient alors peut-être ceux qui, par glissades successives, se laissent emporter par la peinture, ne la considèrent pas comme préconçue.

---

12. « Charline von Heyl, entretien avec Isabelle Graw », *op.cit.*, p. 24.
13. Bice Curiger, *in* Collectif, *Sigmar Polke et les esprits supérieurs*, Dijon, Les presses du réel, 2015, p. 94.
14. Cité par Reiner Speck, « De la difficulté d'accès aux tableaux de Polke »,

in Collectif, *Cher peintre*, catalogue de l'exposition au Centre Pompidou, Paris, 2002, p. 50.
15. Cité par Jean-Pierre Criqui, notice de l'œuvre *Cameleonardo da Willich*, 1979, *in* Collectif, *La collection du Centre Pompidou*, musée national

d'Art moderne, sous la direction de Sophie Duplaix, Paris, Centre Pompidou, 2007.
16. « Shirley Jaffe, entretien avec Catherine Lawless », *in* Collectif, *Shirley Jaffe*, catalogue de l'exposition au musée de Valence, FRAC Limousin, 1992, p. XX.

La toile comporte alors des traces d'hésitations, des erreurs de parcours, rectifiées entre-temps. Les peintres lyriques sont donc ceux qui remontent le temps. Le temps de la toile et puis aussi celui de la peinture elle-même, de son histoire. Mais sans jamais citer leurs aînés. Ils remontent en quelque sorte à contre-courant le terrain sur lequel ils avancent. Pour conclure, on se risquera à faire l'hypothèse que cet horizon lyrique est partagé par d'autres artistes que ceux qui figurent dans l'exposition. On aurait pu citer les Américains Kelley Walker et Wade Guyton, pour cette raison qu'ils forcent la main aux machines (scan ou imprimante), afin de leur en faire baver. On aurait pu de même s'attarder sur les tableaux du duo Tursic & Mille, qui n'aiment rien tant que de laisser la peinture et sa matérialité prendre le pas sur les images qu'ils reproduisent. Mais, cela présenterait précisément l'inconvénient de mêler la question de l'image à un corpus qui l'a à dessein tenue à distance. Aussi préfère-t-on amender le casting en mentionnant le travail de Jessica Warboys (fig. ci-dessous), de Samuel Richardot (fig. p. 55) et d'Emil M Klein (fig. p. 48). Parce que tous ces jeunes artistes cherchent des moyens et des motifs par lesquels la peinture, sans rien figurer, exerce le charme d'une danseuse (ou d'un danseur) lascive. Les

lignes se feront subtiles et ondulantes, attisant capricieusement le désir d'en voir plus, pour aussitôt se rebiffer, en se cachant sous une couche épaisse avant de feindre d'écarter celle-ci. Ces peintres-là jouent de la transparence et de l'obstacle. À commencer donc par Emil M Klein dont les toiles de la série « *Blue Line Paintings* » semblent dessiner sur un fond blanc, légèrement iridescent, les aventures mouvementées d'une ligne bleue qui manifestement n'en fait qu'à sa tête, se ramifiant comme elle l'entend, prenant à droite ou à gauche, se bouclant sur elle-même, à condition de rester mince et souple — une ligne folle et affolante. Sauf qu'elle résulte d'une lente négociation avec le fond blanc. Car, cette vraie fausse ligne n'est jamais que le reliquat visible des premières couches intégralement bleues qui recouvraient le tableau en premier lieu et qui, en dernier ressort, se sont tapies sous le blanc. La même fausse ingénuité s'observe dans les toiles de Samuel Richardot, qui laisse une large place au blanc puis entre les blancs, à des motifs ténus, longilignes, feuillus, torsadés, surtout pas géométriques, qui évitent en outre de trop se toucher. Loin de se présenter comme un continuum, le tableau se permet le luxe d'une composition décousue, les formes semblant indépendantes, voire indifférentes les unes aux autres. La précision des

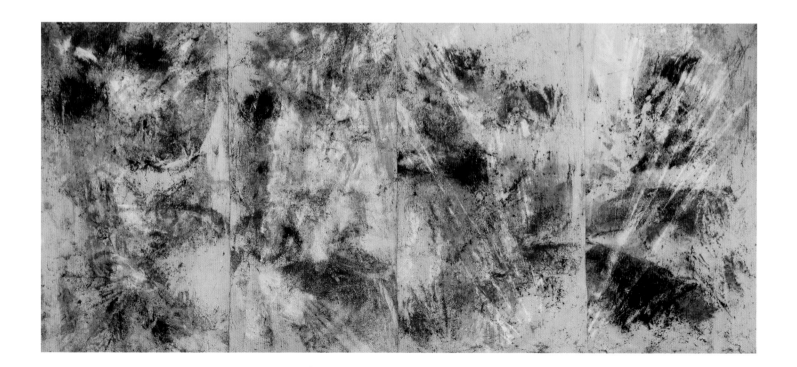

contours, préparés au scotch de manière à éviter les débords, renforce cette impression d'autonomie. Le tableau est un archipel où chaque îlot de peinture semble menacer de faire sécession, mais est rattrapé aussitôt au vol par des effets de surface et de matière. L'acrylique et l'huile imitent ici l'aspect délavé de l'aquarelle et ses couleurs translucides. Les tons ne sont pas francs, jamais univoques. C'est que la toile a été trempée. Et que sur ce terrain liquide, rien ne peut vraiment tenir. Comme si Samuel Richardot savonnait la planche sur laquelle il avance. Sa seule rambarde est alors le contour au scotch avec lequel il forme un mince creuset. Une flaque de peinture y est versée. Elle sèche en une nuit. L'eau s'évapore, se retire, et laisse des traces d'écume sur la toile, des traces fluides, vaseuses et marécageuses. Ces textures lavées ou diluées, ces effets de transparence, ces formes contenues et espacées naissent donc d'une toile qu'il a fallu laisser dégorger, avant d'y puiser une source d'inspiration et de ne pas rester en cale sèche.

Ce laisser-faire (la matière et la chimie, voire la physique) est magnifié dans le processus adopté par Jessica Warboys. Ses toiles, elle les récolte au petit matin après les avoir abandonnées dehors toute la nuit, au frais, au clair de lune, aux rayons lunaires qui font tout le travail, ou presque. L'Anglaise se contente en effet de badigeonner au préalable ses toiles d'une solution comprenant du potassium et de l'ammonium, un mélange photosensible aux ultraviolets, y compris ceux, plus ténus, émis par la lune. Elle étend la toile sur le sol, au milieu des herbes folles. La technique, dira-t-on, relève à peine de la peinture et davantage d'un procédé photographique vieux de deux siècles, nommé un cyanotype. Car les toiles portent bien, en négatif, les traces longilignes des touffes d'herbes. Pourtant les nuées de bleu de Prusse mêlées à du jaune citron teintent la toile comme dans les véritables et dûment estampillées peintures abstraites. La peinture lyrique ressortirait alors de cette veine sauvage (sauvageonne) de la peinture (abstraite), celle qui batifole et se permet toutes les infidélités, à son propre médium, à son auteur (qui ne la tient pas), à la grille (moderniste). Et on en passe.

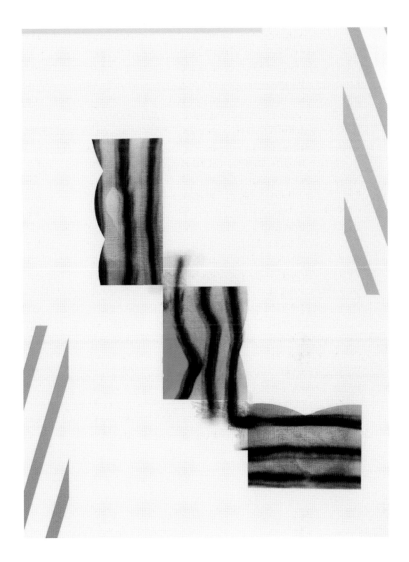

ci-contre :
Jessica Warboys
Sea Painting Dunwich, September, 2015
Pigments minéraux sur toile
320 x 720 cm
Courtesy de l'artiste et de la galerie
Gaudel de Stampa

Samuel Richardot,
Carrousel, 2016
Acrylique sur toile,
130 x 97 cm
Collection particulière

Auteur d'œuvres abstraites depuis 1922 alors qu'il n'est qu'un jeune lycéen de 18 ans, Hartung ne s'engage véritablement dans la voie non figurative qu'à partir de 1931. Avant la guerre, en Espagne, en Allemagne et à Paris, il développe une gestualité extrêmement libre et audacieuse, voire un certain automatisme, mais travaille aussi à ressaisir cette gestualité dans des toiles peintes où il reporte consciencieusement les motifs souvent proches de l'informe — saccades de traits, taches ou écheveaux… — apparus sur le papier. Il n'est ni froidement géométrique, ni en recherche d'une vérité inconsciente, encore moins en quête de symbole ou de séduction visuelle : il cherche obstinément la crudité d'une trace, d'un signe éminemment personnels.

→ **p. 63** / Détail éch. 1

AUX ORIGINES D'UN GESTE LIBRE

58   [Sans titre], 1935
              Aquarelle, pastel et fusain sur papier
              49,50 x 62,90 cm

[Sans titre], 1935
Crayon sur papier
42,6 x 28,4 cm

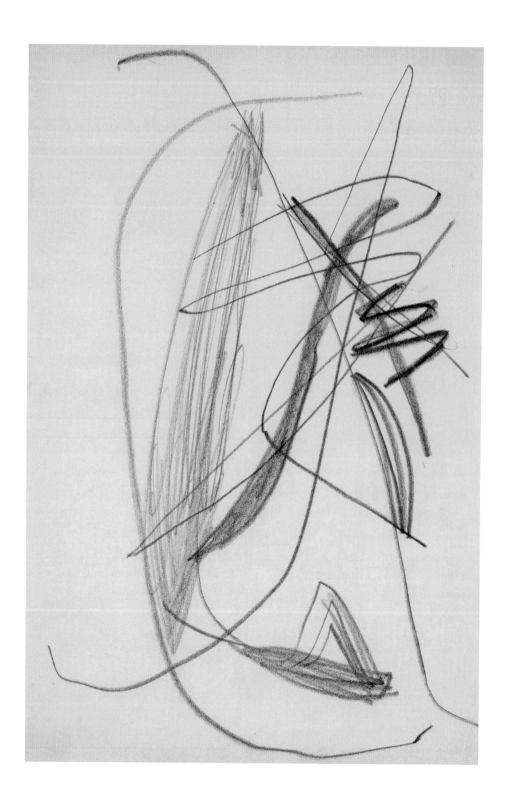

[Sans titre], 1935
Craie noire et crayon de couleur
sur papier
49,5 x 62,8 cm

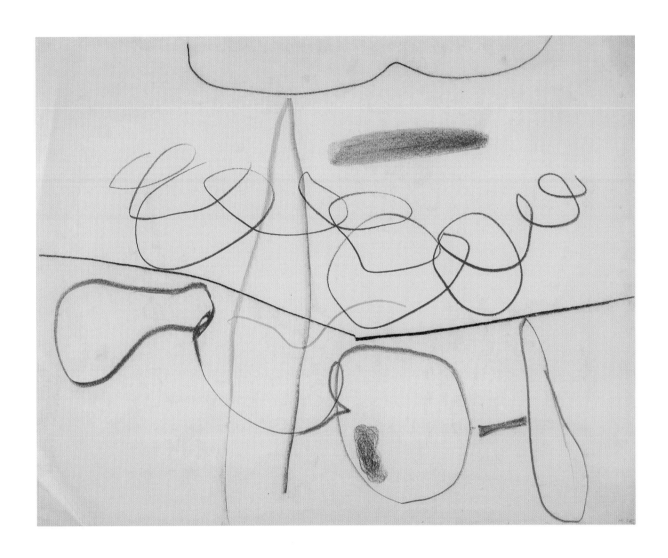

T1937-14, 1937
Huile sur toile
146 x 97 cm

T1937-17, 1937
Huile sur toile
97 x 130 cm

Aux origines d'un geste libre   63

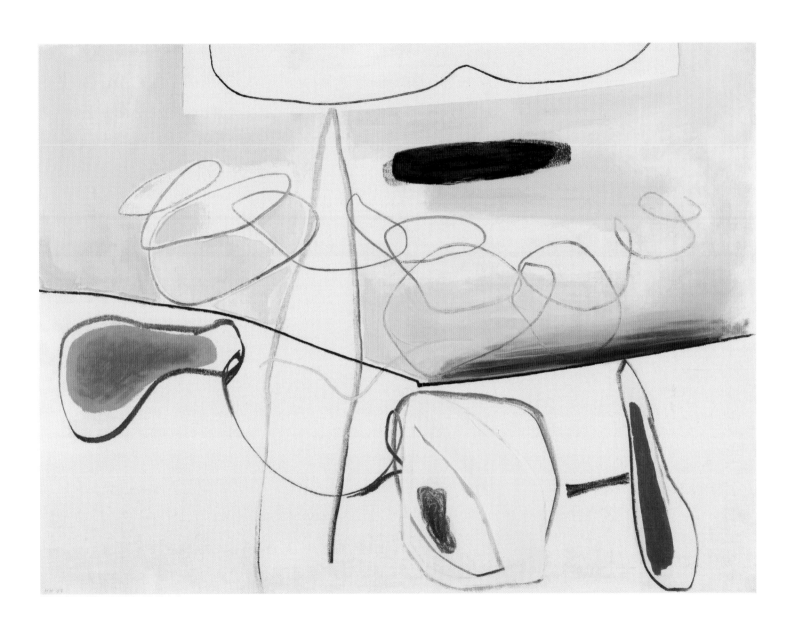

64   [Sans titre], 1936
           Encre sur papier
           14,2 x 21,8 cm

66 *T1936-11*, 1936
Huile sur toile
97 x 146 cm

T1937-33, 1937
Huile, craie noire
et pastel sur toile écrue
97 x 130 cm

T1938-3, 1938
Huile sur bois
46 x 27 cm

[Sans titre], 1938
Pastel et crayon noir sur papier
49 x 43 cm

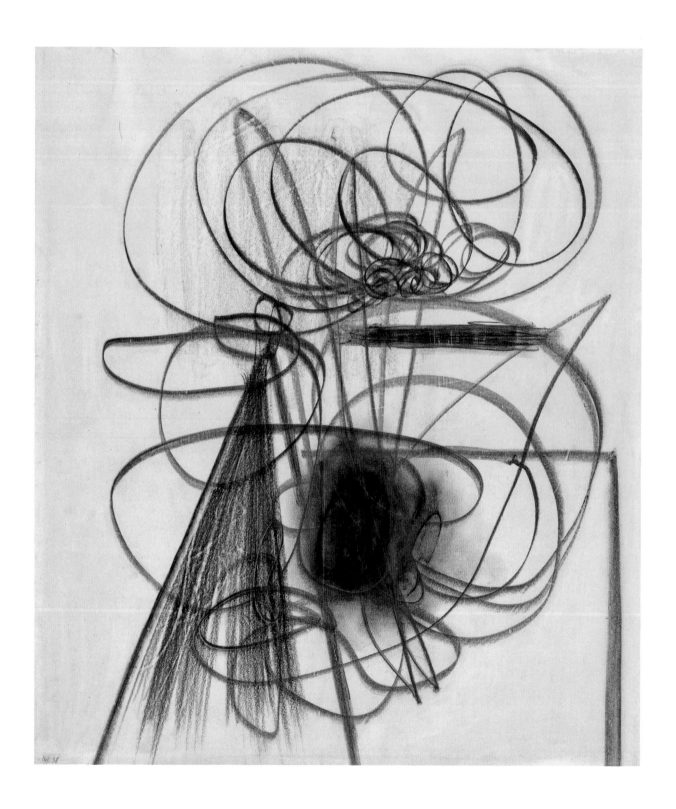

[Sans titre], 1938
Pastel, fusain et craie noire sur papier
49 x 43 cm

[Sans titre], 1938
Pastel, fusain et craie noire sur papier
48 x 43 cm

[Sans titre], 1938
Pastel, craie noire et crayon sur papier
49,2 x 42,8 cm

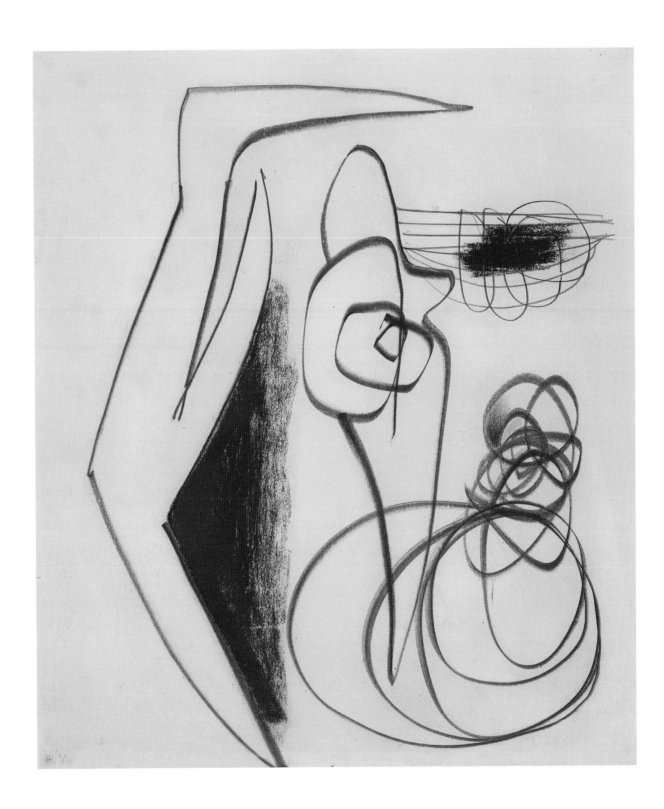

74 [Sans titre], 1938
    Pastel, fusain et craie noire sur papier
    49 x 43 cm

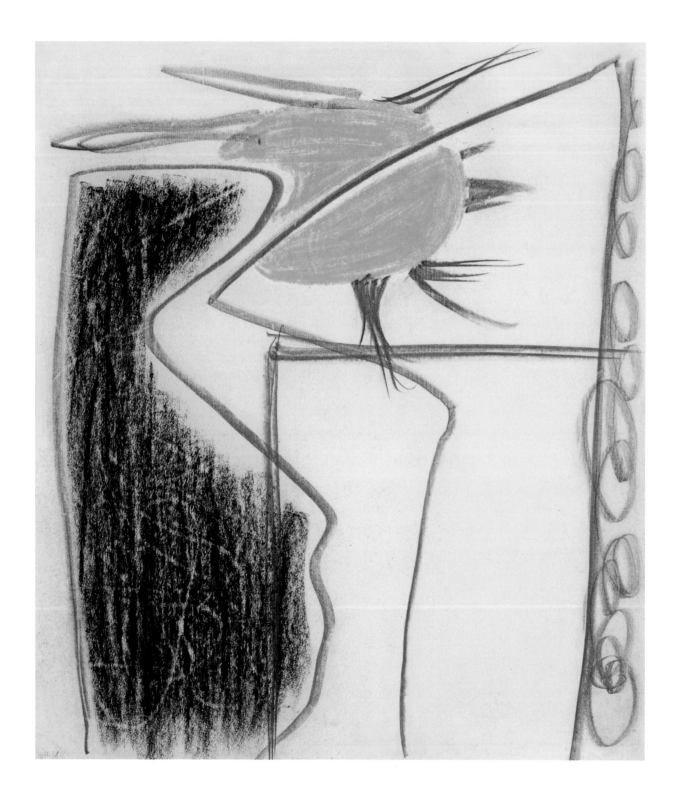

[Sans titre], 1938
Pastel et crayon noir sur papier
49 x 43 cm

[Sans titre], 1938
Crayon et pastel sur papier
49 x 43 cm

[Sans titre], 1939
Crayon et pastel sur papier
49 x 43 cm

78   [Sans titre], 1939
     Crayon et pastel sur papier
     49 x 43 cm

WINTER
GOTTLIEB
MATHIEU
HANTAÏ
SCHNEIDER

Après la Seconde Guerre mondiale, naît dans la peinture française un mouvement baptisé « abstraction lyrique », expression dont Georges Mathieu revendiquera la paternité. Cette appellation a longtemps servi à regrouper, de manière commode, une tendance de la peinture à se couper complètement de la figuration du monde pour se concentrer sur une gestualité libre, souvent énergique et instinctive.

On sait qu'il y a, au sein des individualités qui forment ce courant, des techniques et des ambitions très hétérogènes, mais il est vrai qu'elles tendent toutes à une puissance d'affirmation directe de la couleur, de la ligne et de la matière. Les tableaux de Gérard Schneider, Georges Mathieu, Simon Hantaï, tout comme ceux de Hans Hartung, sont habités par une intensité extrême : contrastes forts, compositions éclatées, touche libérée et donnant la sensation de vitesse, signes aériens. Il ne s'agit pour autant d'être platement démonstratif dans l'émotion produite, mais de laisser plutôt en suspens la possibilité infinie des émotions. C'est cela la nature profonde du fait lyrique en peinture.

Le succès du terme « abstraction lyrique » eut un grand inconvénient, il a en effet donné à croire que le lyrisme était l'apanage d'une scène circonscrite dans l'espace et dans le temps, à savoir le Paris des années 1945 à 1960. En réalité, on en trouve bien des manifestations ailleurs. Chez Fritz Winter par exemple, connu de Hartung depuis les années 1930 et qui illustre parfaitement l'existence d'une puissante tendance « informelle » sur la scène allemande de l'époque. Avec Adolph Gottlieb également, chez qui le tableau se caractérise à la fois par une concentration remarquable et une profonde singularité au sein de l'expressionnisme abstrait new-yorkais, du fait de son exploitation tendue de la distinction du dessin et de la couleur, qui le rapproche de Hartung.

82   **Fritz Winter**
[Sans titre], 1949
Tempera sur papier, 31,7 x 23,6 cm
Museum für Gegenwartskunst Siegen

Fritz Winter
Zerbrochen, 1963
Huile sur toile, 170,5 x 135 cm
Museum für Gegenwartskunst Siegen

Adolph Gottlieb
Cave, 1952
Huile sur toile, 76,2 x 61 cm
Fondation Gandur pour l'Art,
Genève

Georges Mathieu
[Sans titre], 1950
Huile sur papier marouflé sur toile
48,7 x 63,8 cm
Fondation Gandur pour l'Art,
Genève

86 **Georges Mathieu**
[Sans titre], 1950
Gouache et huile sur carton
62,6 x 47,3 cm
Fondation Gandur pour l'Art,
Genève

Georges Mathieu
[Sans titre], 1950
Huile sur papier marouflé sur toile
64 x 49 cm
Fondation Gandur pour l'Art,
Genève

Georges Mathieu
[Sans titre], 1951
Huile sur toile, 130 x 162 cm
Fondation Gandur pour l'Art,
Genève

Georges Mathieu
Obscuration, 1952
Huile sur toile, 129,8 x 195 cm
Fondation Gandur pour l'Art,
Genève

92 **Simon Hantaï**
[Sans titre], 1956
Huile sur toile, 152,7 x 217 cm
Fondation Gandur pour l'Art,
Genève

Simon Hantaï
[Sans titre], 1957
Huile, poudre de pigment
et sable sur toile, 88,3 x 80,3 cm
Fondation Gandur pour l'Art,
Genève

Gérard Schneider
Révolutions, 1958
Huile sur toile, 91,7 x 72,8 cm
Fondation Gandur pour l'Art,
Genève

Gérard Schneider
Opus 1 F, 1961
Huile sur toile, 189,9 x 285,3 cm
Fondation Gandur pour l'Art,
Genève

Gérard Schneider
Opus 76 D, 1960
Huile sur toile, 100 x 81 cm
Fondation Gandur pour l'Art,
Genève

Après la guerre, Hartung va jouir d'une grande reconnaissance critique, et être abondamment commenté, analysé, glorifié, avec des œuvres pourtant difficiles à réduire à des mots. Son abstraction, fidèle à la procédure de report développée dans les années 1930, reste tourmentée, faite de trames, de fils enchevêtrés et de couleurs assez sombres. Hartung apparaît alors comme l'une des personnalités essentielles de l'abstraction lyrique. L'expression est commode et efficace. Cependant, davantage qu'aux qualités de vitesse, de spontanéité et de déchaînements, associés au mouvement, il confère à ses motifs un caractère délié grâce à sa maîtrise technique. Le tournant est celui de la fin des années 1950 où il explore une nouvelle méthode de mise à distance avec l'emploi d'étranges instruments, notamment des pistolets de carrossier et des lames, pour peindre — et, dorénavant, peindre de façon immédiate sur la toile. C'est sur ce moment de basculement que cette section veut poser son regard.

→ **p. 125** / Détail éch. 1

UNE FIGURE SINGULIÈRE DE L'ABSTRACTION LYRIQUE

102   *1947-14*, 1947
       Huile sur toile, 96,9 x 130 cm
       Fondation Gandur pour l'Art,
       Genève

1948-3, 1948
Huile sur toile, 72,5 x 99,8 cm
Fondation Gandur pour l'Art,
Genève

P1957-8, 1957
Pastel sur papier
50 x 65 cm

P1957-19, 1957
Crayon, pastel et fusain sur papier
50 x 65 cm

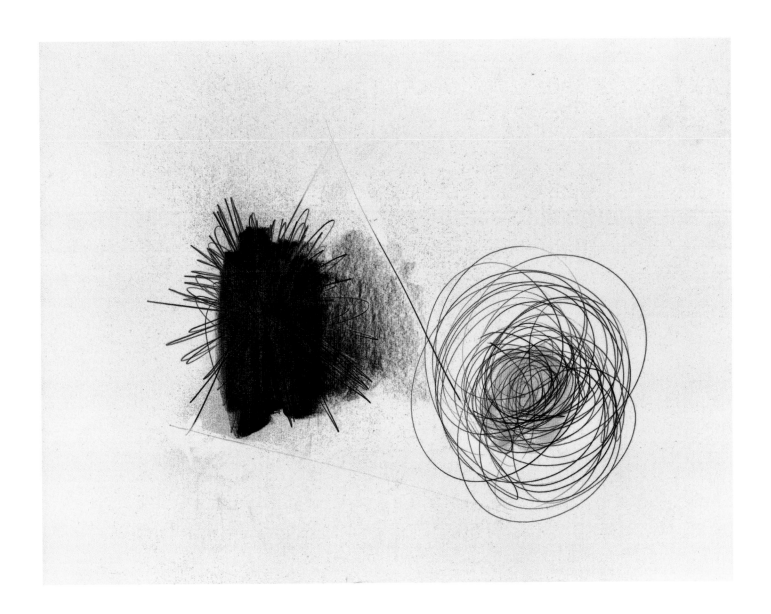

P1957-31, 1957
Pastel sur papier
48 x 65 cm

P1957-44, 1957
Pastel et fusain sur papier
50 x 65 cm

P1957-50, 1957
Pastel sur papier
50 x 65 cm

P1957-58, 1957
Pastel sur papier
50 x 65 cm

P1958-154, 1958
Crayon, pastel et fusain sur papier
50 x 65 cm

T1960-9, 1960
Vinylique, pastel et crayon sur toile
105 x 40 cm

112 *T1961-60*, 1961
Vinylique et pastel sur toile
50 x 130 cm

T1961-61, 1961
Vinylique et pastel sur toile
50 x 130 cm

114   *T1961-8,* 1961
        Gouache et pastel sur panneau d'Isorel
        72,9 x 59,9 cm

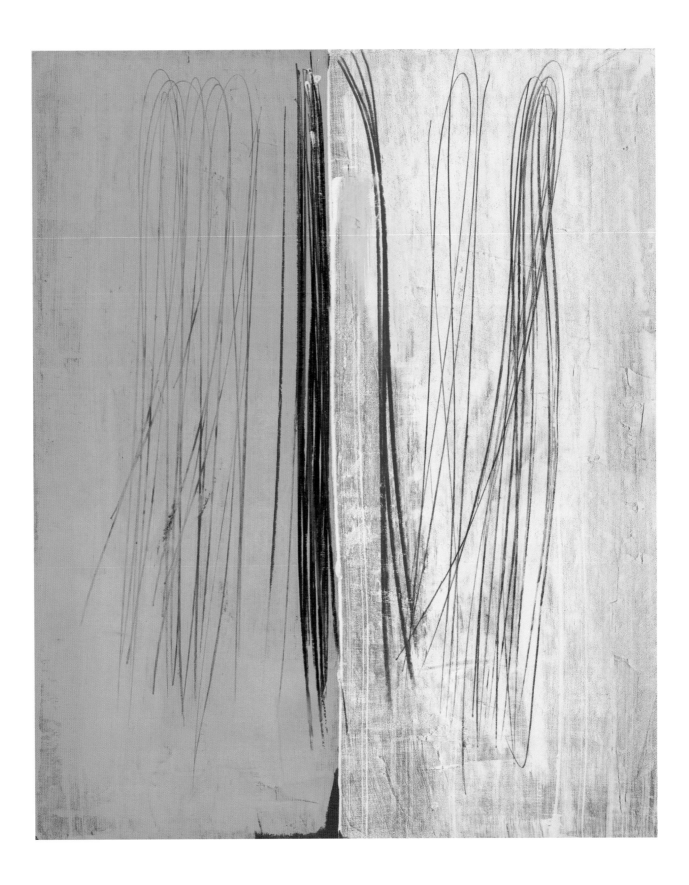

T1961-17, 1961
Vinylique et pastel sur toile
81 x 60 cm

T1961-25, 1961
Vinylique et pastel sur toile
81 x 60 cm

T1961-H4, 1961
Vinylique et pastel sur toile
92 x 150 cm

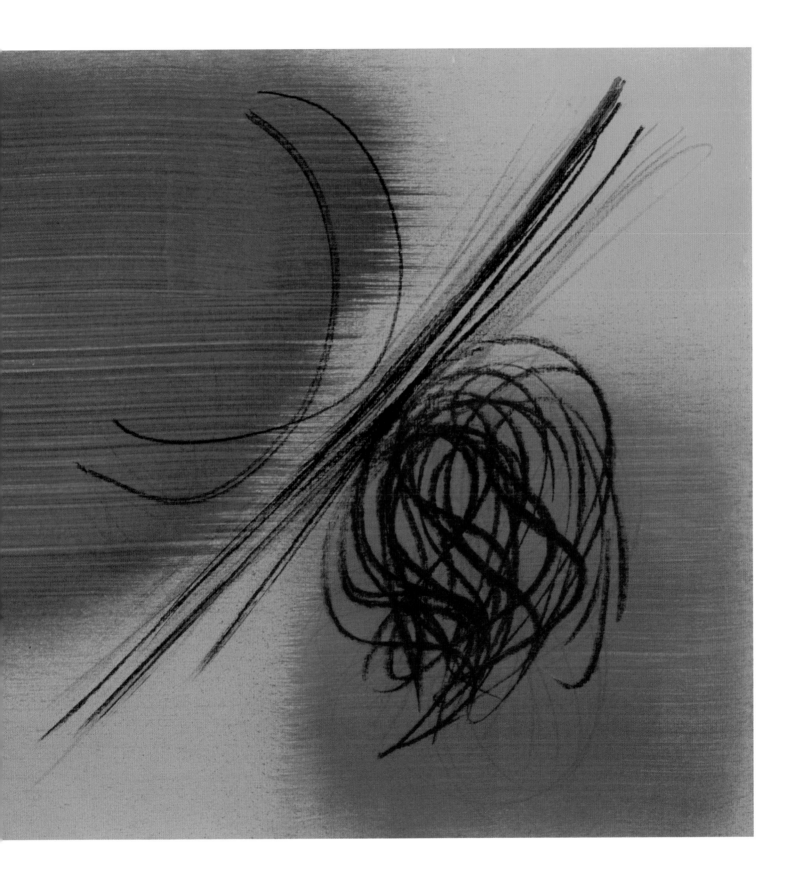

120   *T1961-67*, 1961
Vinylique et pastel sur toile
81 x 130 cm

T1961-H48, 1961
Vinylique sur toile
92 x 150 cm

T1962-U2, 1962
Vinylique sur toile
142 x 180 cm

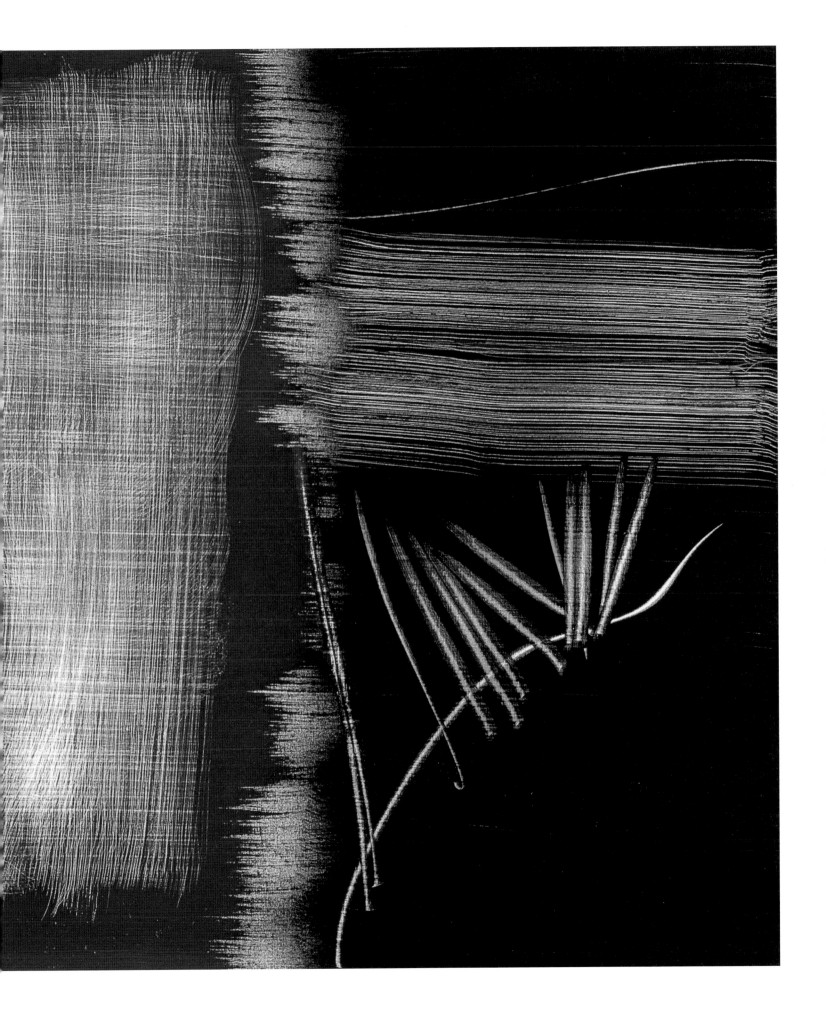

T1962-L34, 1962
Vinylique sur toile
142 x 180 cm

T1963-R38, 1963
Vinylique sur toile
180 x 142 cm

T1964-R15, 1964
Vinylique sur toile
130 x 102 cm

Une figure singulière   127

FRANKENTHALER
DEGOTTEX
WOOL
TWOMBLY
DE KOONING

Quoique le qualificatif « lyrique » ait été surtout attaché à la décennie d'après-guerre, les artistes auxquels il peut s'appliquer et qui en donnent à voir les variations demeurent nombreux dans les années 1960 et leur prolongement. Le tableau de Jean Degottex daté de 1959 illustre l'apogée de cette tendance : un grand format — prouvant qu'il n'est pas l'apanage des seuls artistes américains, comme souvent on veut le croire — et un fond noir frappé de giclures blanches éparses, sans qu'il n'y ait ni énoncé, ni signe, mais seulement une présence intense. Il y a là comme un souffle qui éparpille les formes : face à cette énergie centrifuge et achrome, on voit avec l'Américaine Helen Frankenthaler une proposition plus ciblée usant avec fluidité et parcimonie d'un tachisme coloré — que de telles dimensions ne sont pas le fait des seuls artistes européens, et d'abord parisiens, comme on le dit trop souvent.

D'autres types de lyrisme font leur chemin, comme celui de Cy Twombly, qui, né en Virginie, passa une grande partie de sa vie en Italie, étant sans doute le plus constamment sensible à « l'exaltation » poétique des Anciens. Son abstraction s'approche de figures visibles ou suggère une écriture lisible, mais sans jamais vouloir l'atteindre complètement. Il s'agit là d'une peinture qui demeure dans le flux esquissé d'une sensation, au seuil du langage articulé. De même, il n'hésitera pas à fréquenter les lisières d'une composition plus affirmée ; mieux encore, il n'hésite pas à proposer en 2003 une toile d'aspect plutôt primitif constituées de deux séquences horizontales parallèles. Celle-ci est mise en regard d'un tableau de Christopher Wool réalisé une dizaine d'années plus tard et renvoyant à l'évidence symétrique d'un test de Rorschach.

Enfin, il existe un lyrisme différé : un artiste comme Willem de Kooning, connu comme l'un des acteurs majeurs travaillant à New York, navigue longtemps entre figuration et abstraction, usant de la même verve expressionniste, pour finir par s'afficher de plus en plus ouvertement lyrique à compter du milieu des années 1970 et dans la décennie suivante.

On notera dans cette salle le choix d'importantes variations de format, pour mieux souligner, au-delà même de cette diversité, le partage d'un immense désir d'amplitude. Le lyrisme est aussi cette ambition qui fait vaciller les échelles, les rapports de proportion ou les distances dans l'énonciation généreuse des possibles.

130 **Helen Frankenthaler**
Vessel, 1961
Huile sur toile, 254 x 239 cm
Collection Helen Frankenthaler
Foundation, New York

pp. 134-135
Jean Degottex
L'Adret, 1959
Huile sur toile, 201 x 367,8 cm
Fondation Gandur pour l'Art,
Genève

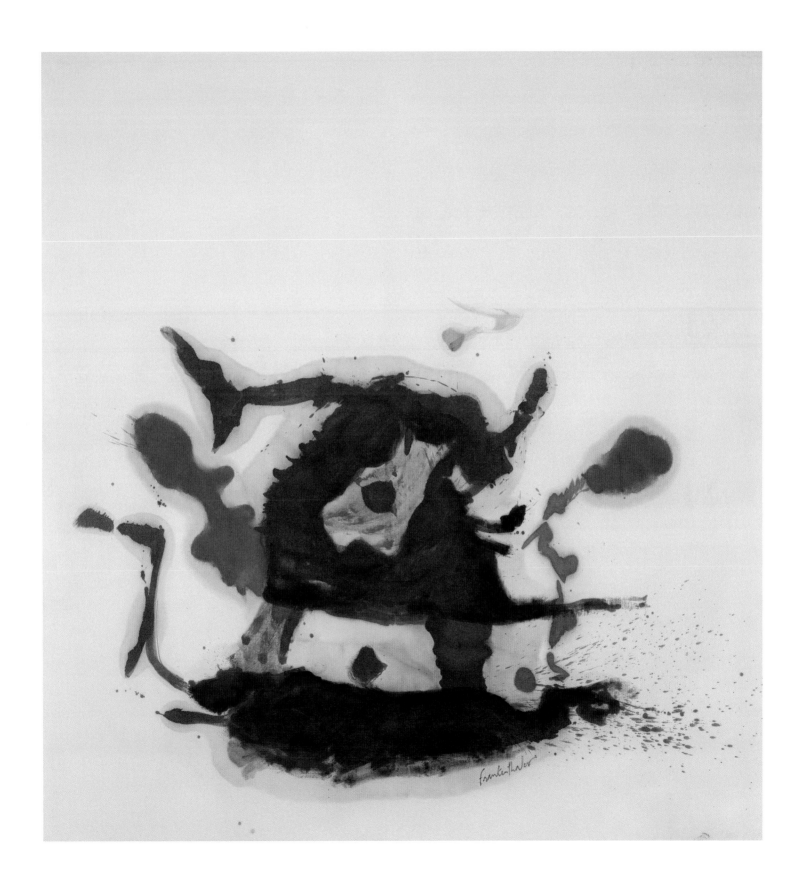

Christopher Wool
[Sans titre], 2015
Encre sérigraphique sur toile de lin
274,3 x 243,8 cm
Famille Guyot

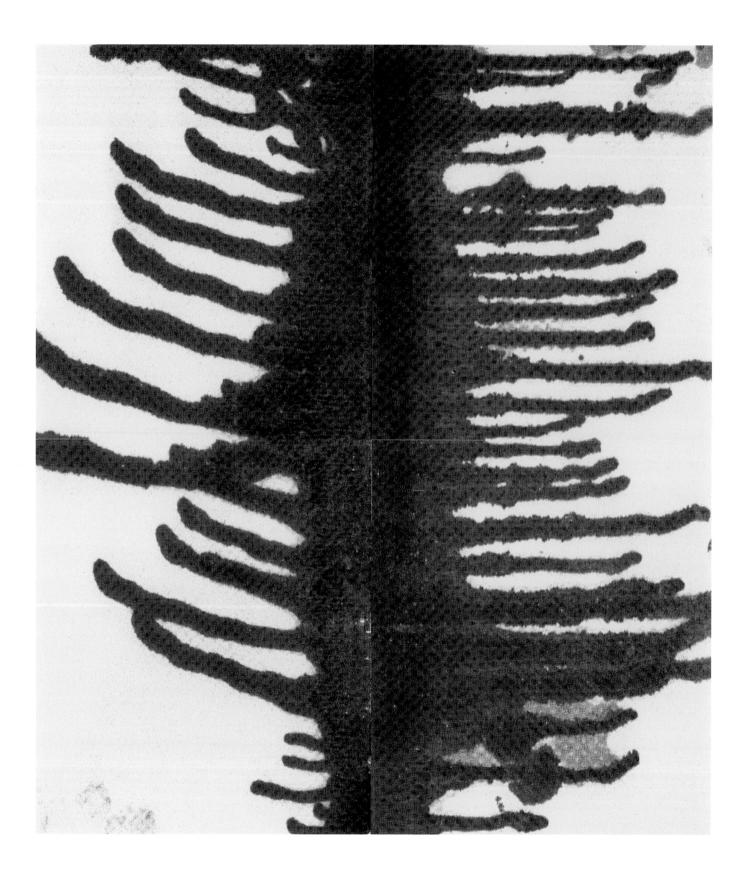

Cy Twombly
[Sans titre], 2003
Acrylique sur toile, 210,7 x 163,7 cm
Museum für Gegenwartskunst Siegen

Willem de Kooning
[Sans titre], 1975-1979
Huile sur papier, 104,78 x 76,84 cm
Art of Writing Collection

Leda and the swan, 1963
Huile, plomb et acrylique sur toile, 99,6 x 81,2 cm
Museum für Gegenwartskunst Siegen

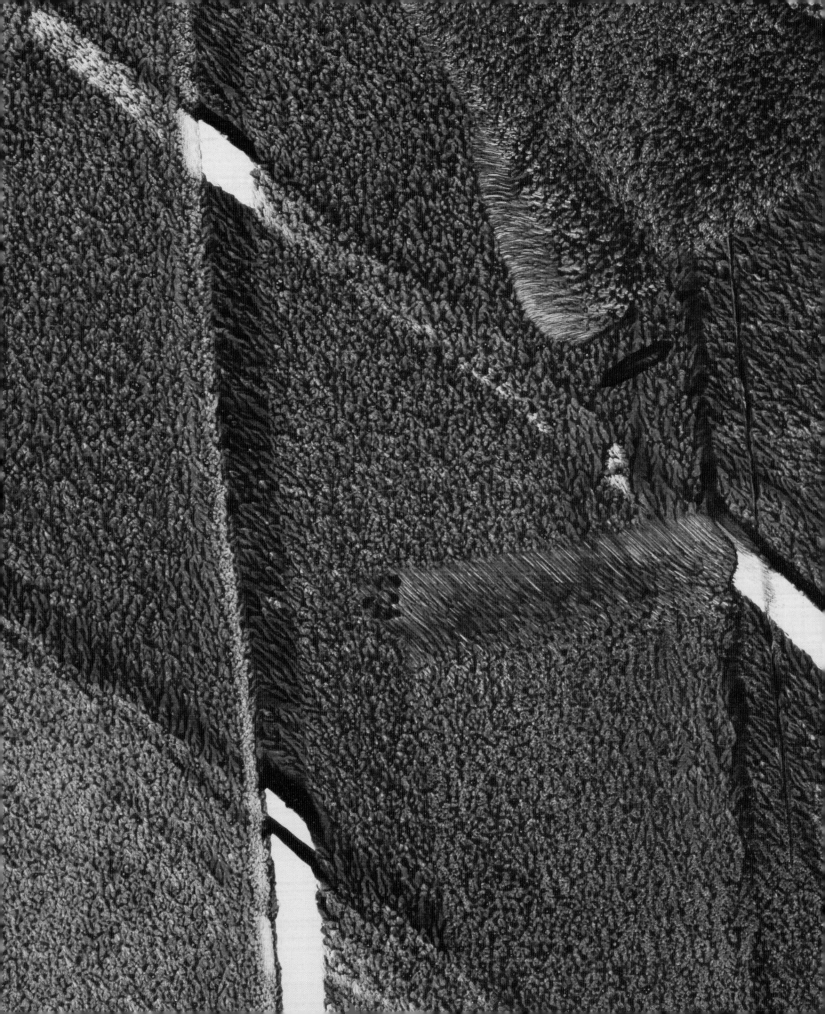

Vainqueur du Grand Prix international de la peinture
à la Biennale de Venise de 1960, Hartung a abandonné
le processus méticuleux de transposition des informations
du dessin, et il expérimente sans relâche, au cours des
années 1970, de nouvelles techniques et de nouveaux outils :
pulvérisation de peinture acrylique au moyen d'un spray,
grattages, tracés amples obtenus avec des rouleaux
à lithographie. Ses gammes chromatiques sont plus diverses,
tendant parfois vers une vivacité inédite et jubilatoire. On peut
parler d'une entreprise de coïncidence entre lyrisme d'intention
(c'est-à-dire viser une forme d'expression lyrique) et lyrisme
d'exécution (c'est-à-dire être soi-même lyrique dans
les procédés utilisés). Sa peinture commence à prendre
au milieu des années 1960, et surtout dans les années 1970,
une ampleur inédite, sans céder aux facilités de l'effusion
de surface.

→ **p. 143** / Détail éch. 1

UN LYRISME EXPLORATOIRE ET JUBILATOIRE

142 *T1973-R15*, 1973
Acrylique sur toile
154 x 250 cm

144 *T1974-E27*, 1974
Acrylique sur toile
142 x 180 cm

146 *T1975-H39,* 1975
Acrylique sur toile
130 x 162 cm

T1975-K17, 1975
Acrylique sur panneau de bois
aggloméré, 102 x 130 cm

Un lyrisme exploratoire et jubilatoire   147

148   *T1975-K19,* 1975
Acrylique sur panneau de bois
aggloméré, 102 x 130 cm

150 *T1977-R19*, 1977
Acrylique sur panneau Isorel
81 x 100 cm

T1977-R20, 1977
Acrylique sur toile
81 x 100 cm

C'est paradoxalement dans son œuvre finale, qu'alors octogénaire, Hartung parvient à la plus grande amplification du geste, sans pour autant renoncer à des protocoles rigoureux et à une cohérence absolue. Il frappe la toile — selon un processus extrêmement physique — avec des balais de genêt, formant ainsi des éclatements de matière noire sur des fonds éthérés. Ou bien il use avec bonheur du pulvérisateur pour démultiplier le geste sans concession esthétisante, fidèle en cela à sa radicalité originelle. Il transcende ainsi son affaiblissement par la fabrication d'outils projetant des masses de peinture. En jouant alors sur les dilutions, les charges de matière, les choix de couleurs et en conservant l'assurance des tracés, il offre l'expression ultime de l'articulation entre liberté et obsession de justesse qui caractérise toute son œuvre.

→ **p. 169** / Détail éch. 1

LA PEINTURE AMPLIFIÉE

154   *T1981-E36*, 1981
       Acrylique sur toile
       89 x 146 cm

       p. 156
       T1980-E50, 1980
       Acrylique sur toile
       250 x 180 cm

       p. 157
       T1981-K18, 1981
       Acrylique sur toile
       250 x 180 cm

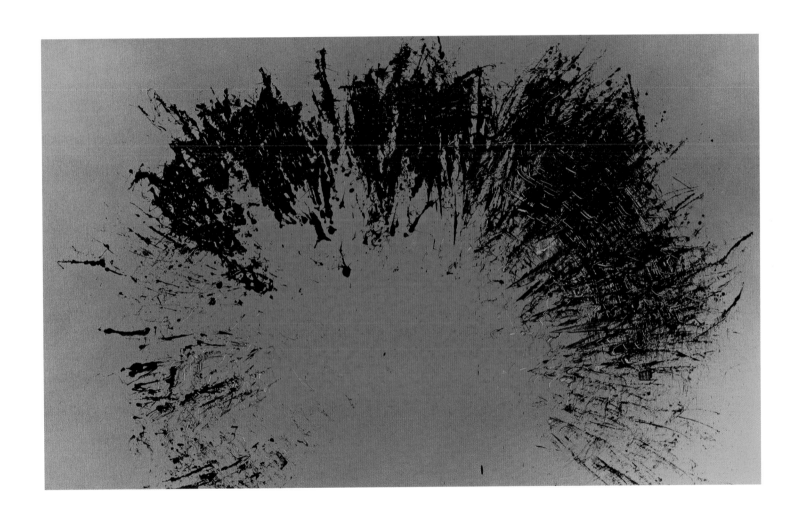

158   *T1980-E16*, 1980
       Acrylique sur toile
       154 x 250 cm

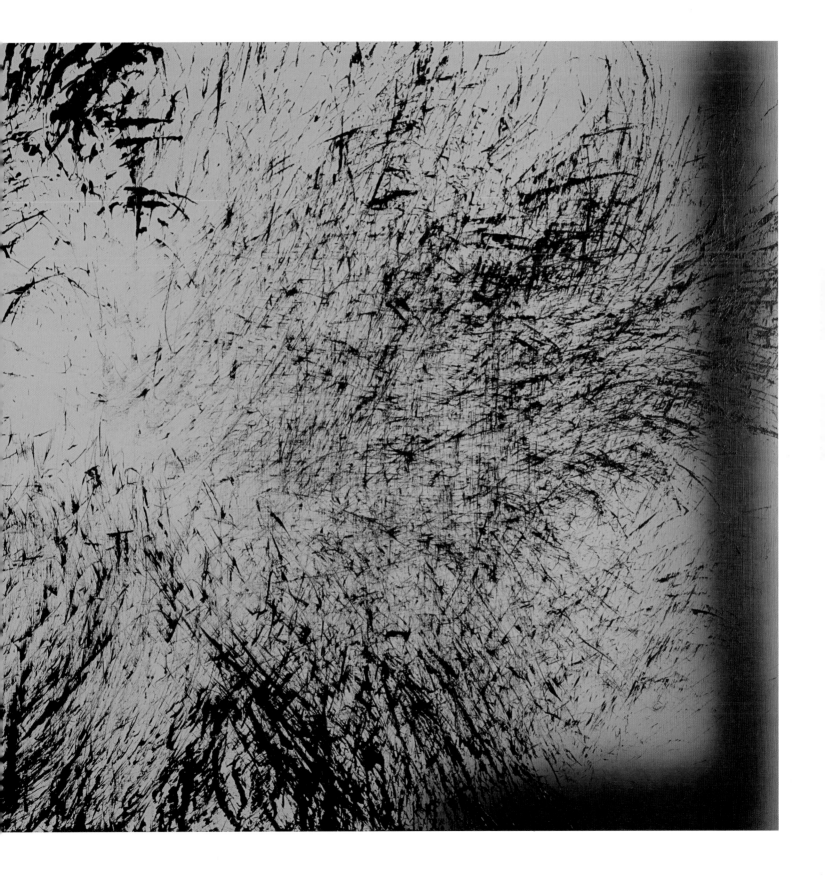

160   *T1981-E23*, 1981
        Acrylique sur toile
        180 x 180 cm

T1982-K49, 1982
Acrylique sur toile
154 x 195 cm

162   *T1983-E41*, 1983
        Acrylique sur panneau de bois
        aggloméré, 111 x 180 cm

        pp. 164-165
        T1989-R17, 1989
        Acrylique sur toile
        300 x 500 cm

166 *T1989-U20*, 1989
Acrylique sur toile
162 x 130 cm

T1988-E49, 1988
Acrylique sur toile
162 x 130 cm

168 *T1989-R43*, 1989
Acrylique sur toile
180 x 180 cm

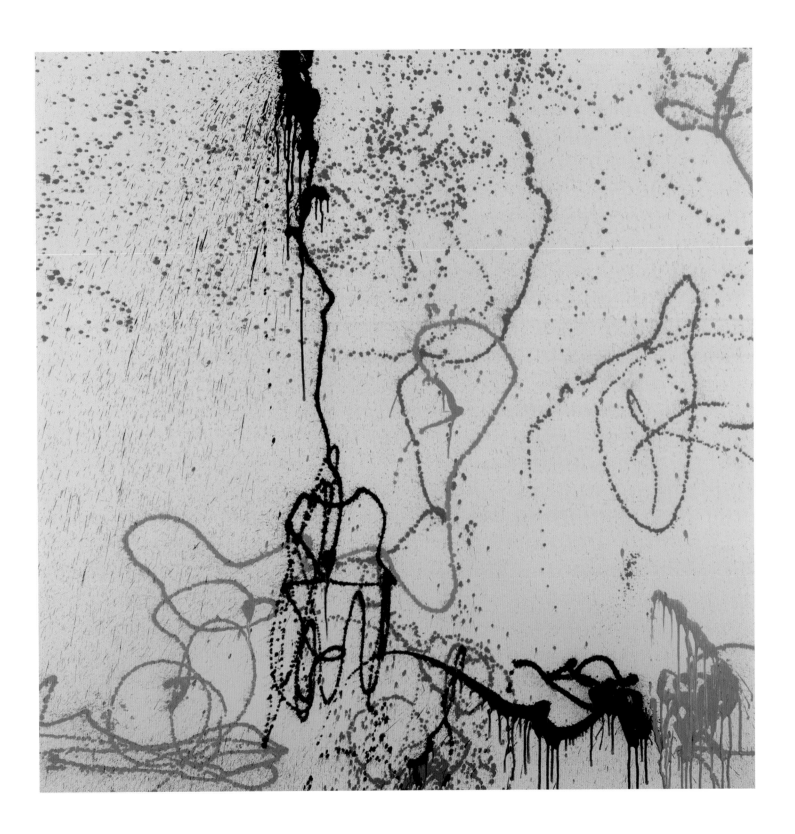

T1989-A8, 1989
Acrylique sur toile
142 x 180 cm

T1989-L26, 1989
Acrylique sur toile
142 x 180 cm

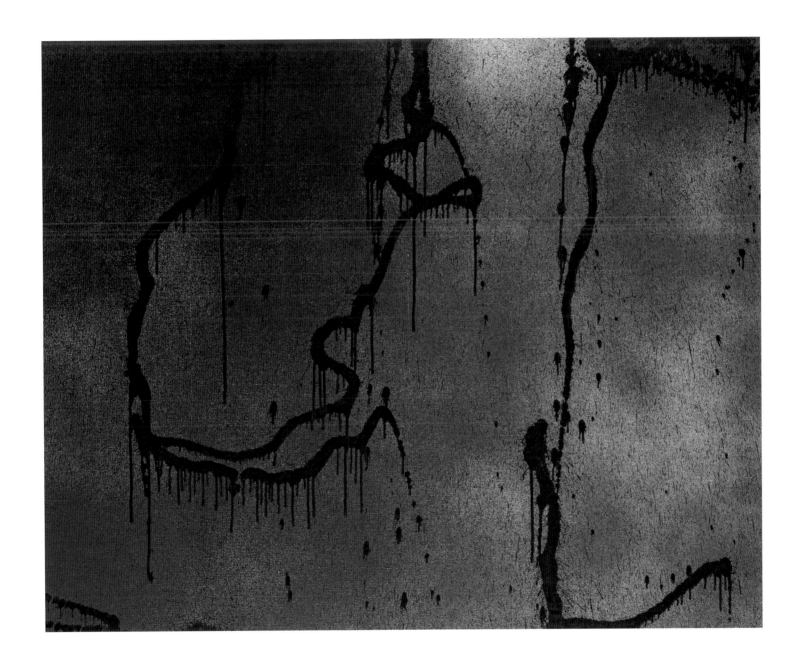

172   *T1989-A30*, 1989
      Acrylique sur toile
      180 x 180 cm

174 *T1989-L37*, 1989
Acrylique sur toile
195 x 130 cm

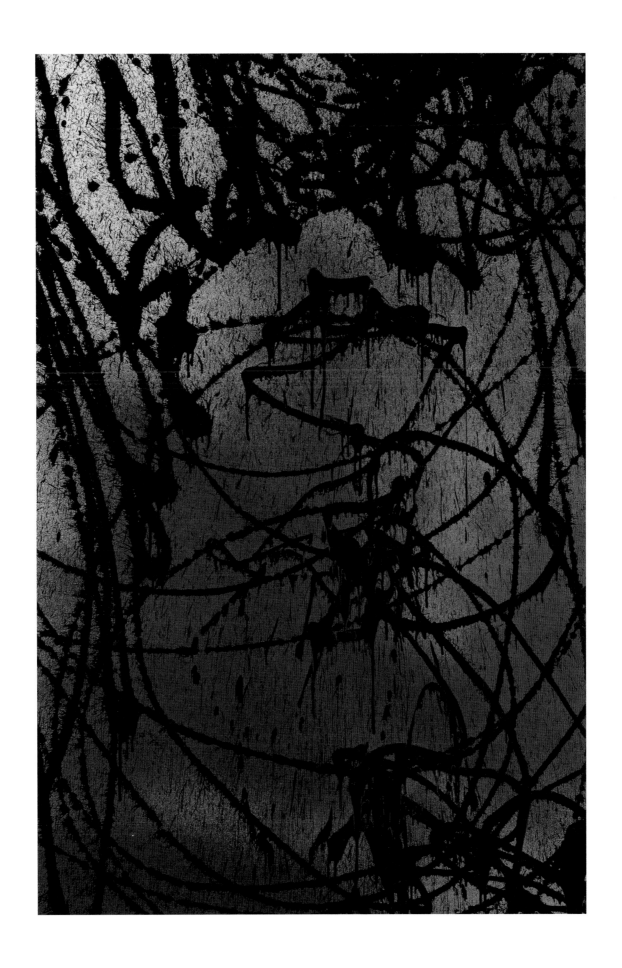

176   *T1989-R47*, 1989
Acrylique sur toile
200 x 250 cm

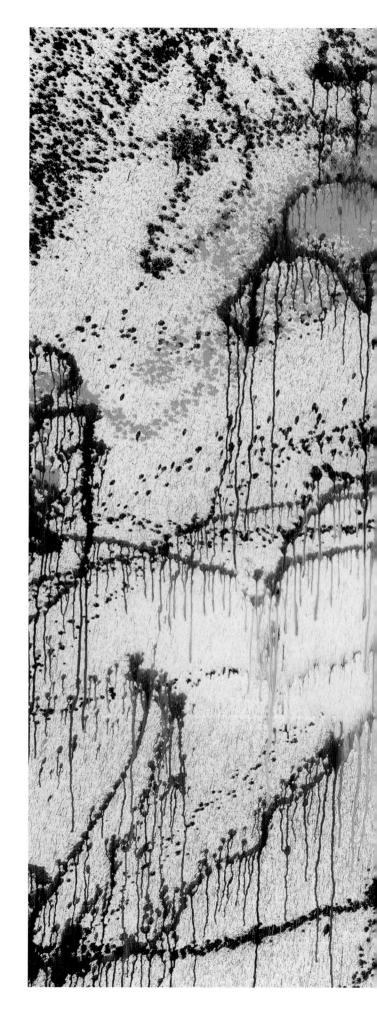

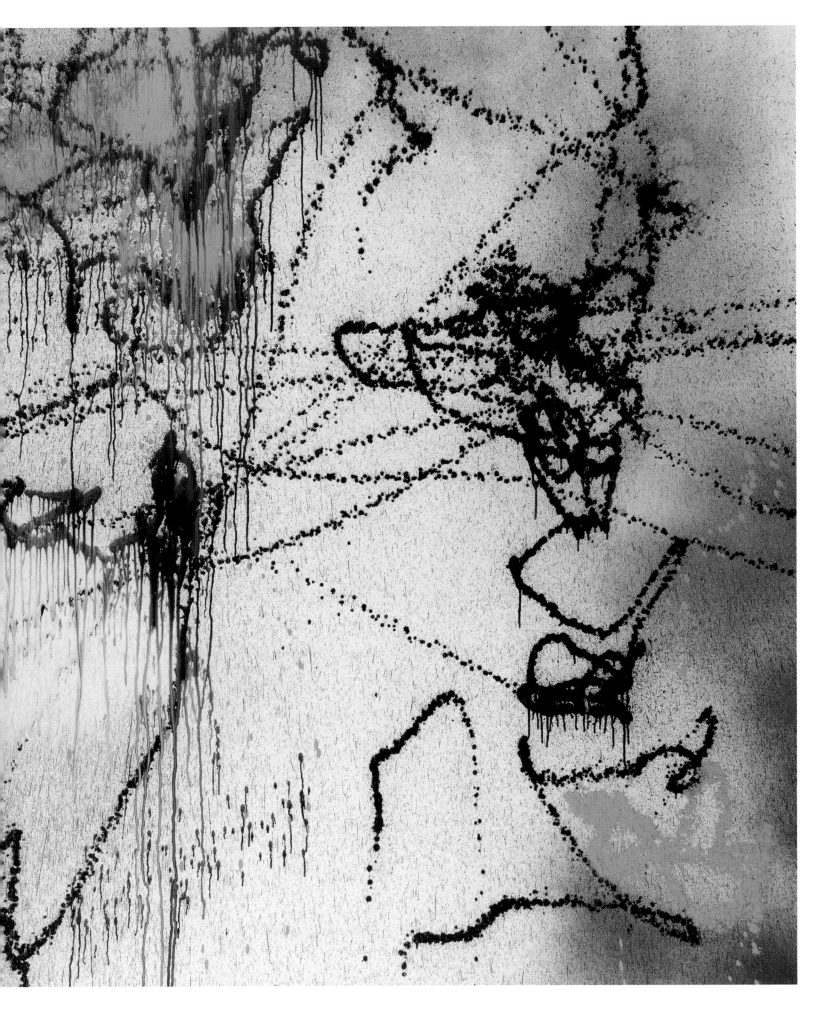

JAFFE
POLKE
OEHLEN
VON HEYL
TRAQUANDI
BRADLEY
ZURSTRASSEN

Examiner les artistes de la scène contemporaine qui entreprennent une démarche lyrique permet de voir une grande diversité dans sa mise en œuvre. Cette diversité va jusqu'à la juxtaposition d'effets divergents, mais cette divergence doit elle-même se percevoir comme un ressort lyrique supplémentaire. La présente section s'autorise à réunir des tableaux de dimensions voisines, dont un diptyque, pour mieux faire cohabiter, *in fine*, leurs partitions singulières.

Celui de Sigmar Polke, tout entier à la manifestation jubilatoire des « esprits supérieurs », est constitué d'un seul phrasé posé sur un fond d'assemblage de tissus. Différent, mais jouant aussi de la maîtrise compositionnelle, le duo que propose Shirley Jaffe est une conversation très animée à la surface de la toile. Avec un renouvellement permanent qui, à l'image d'une ardoise magique semble effacer chaque tableau pour laisser place à l'invention du suivant, Charline von Heyl se plaît à user de l'entièreté (et plus encore) de la gamme des sonorités formelles et chromatiques. Surprenant morceau de peinture presque maniériste déjouant les attendus, son tableau tient de l'inouï d'une étrange concrétion. Là où Yves Zurstrassen, à l'unisson du *free jazz* qu'il écoute passionnément, expérimente l'apparition d'un moment.

Albert Oehlen déploie des formes abstraites vives et enthousiastes, évocatrices d'une peinture gestuelle exaltée, mais use d'une image informatique pixelisée. Il manie donc avec humour les heurts maladroits de la technologie et en dit certainement aussi les promesses esthétiques. La versification de la lumière de Gérard Traquandi se laisse deviner, tout en retenue et liberté, pour progressivement activer l'expérience de perception à laquelle il nous invite. Taches et salissures évidentes, tracés fuyant l'élégance et citant, sans du tout les connaître, les dénégations du réel en quête de maladresse, propres aux dessins de Hartung dans le courant des années 1930, la toile à la texture grossière de Joe Bradley se déclame dans un registre matiériste comme l'incarnation crue d'une présence picturale.

L'affirmation tant abstraite que lyrique dont fait preuve pareil ensemble d'œuvres rend compte de l'indispensable mise en doute de la peinture par elle-même et sur elle-même. Mais elle montre tout autant la foi dont elle est l'objet, sa persistance à travers le temps, selon une ligne de force historique dont Hartung, par son cheminement, fut un signe essentiel.

Shirley Jaffe
The Continents, 1988
Huile sur toile, 210 x 320 cm
Courtesy galerie Greta Meert,
Bruxelles

Sigmar Polke
[Sans titre], 2007
Technique mixte sur toile, 180 x 150 cm
Museum für Gegenwartskunst Siegen

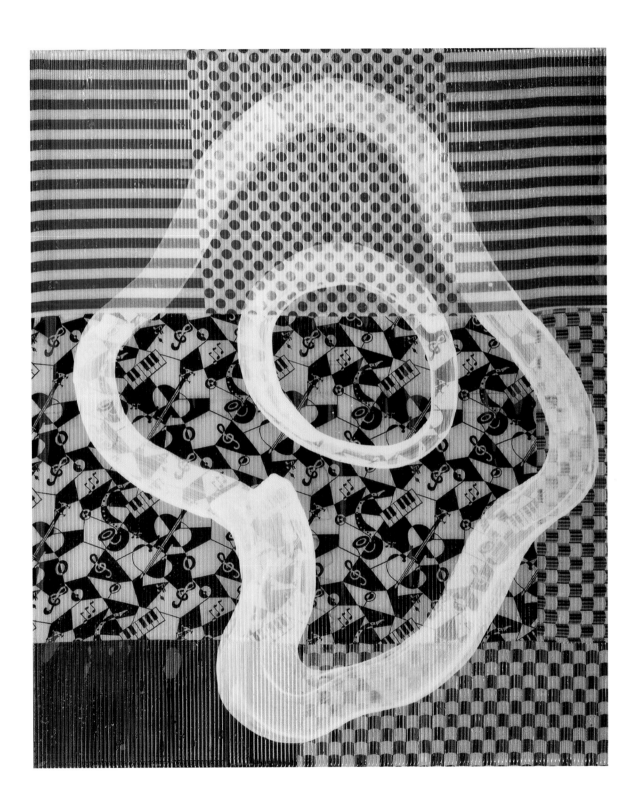

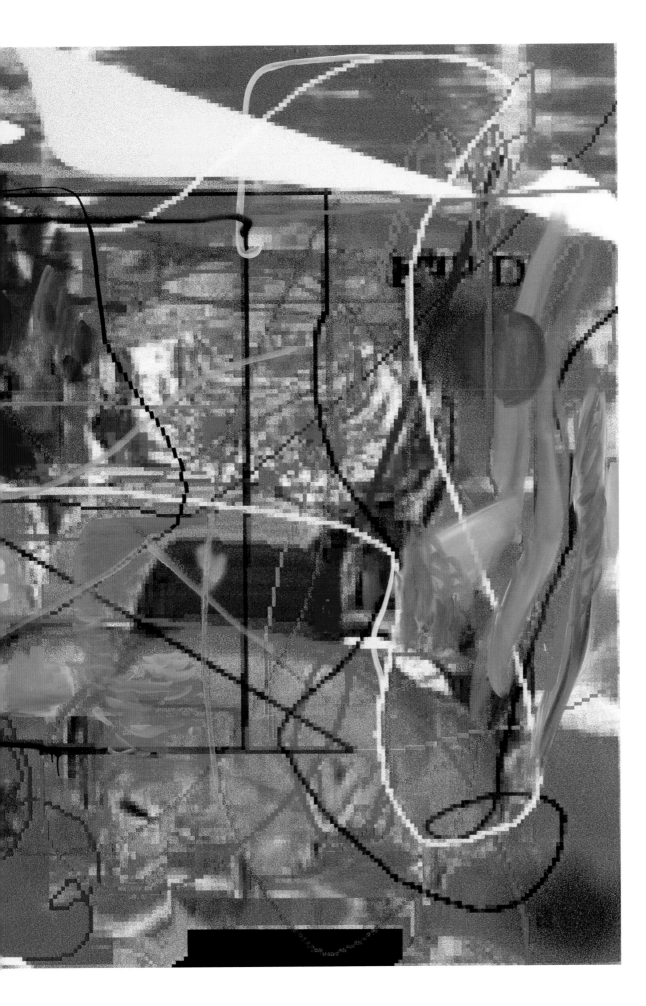

Charline von Heyl
Rize, 2007
Huile sur toile, 208 x 218 cm
Collection de Bruin-Heijn

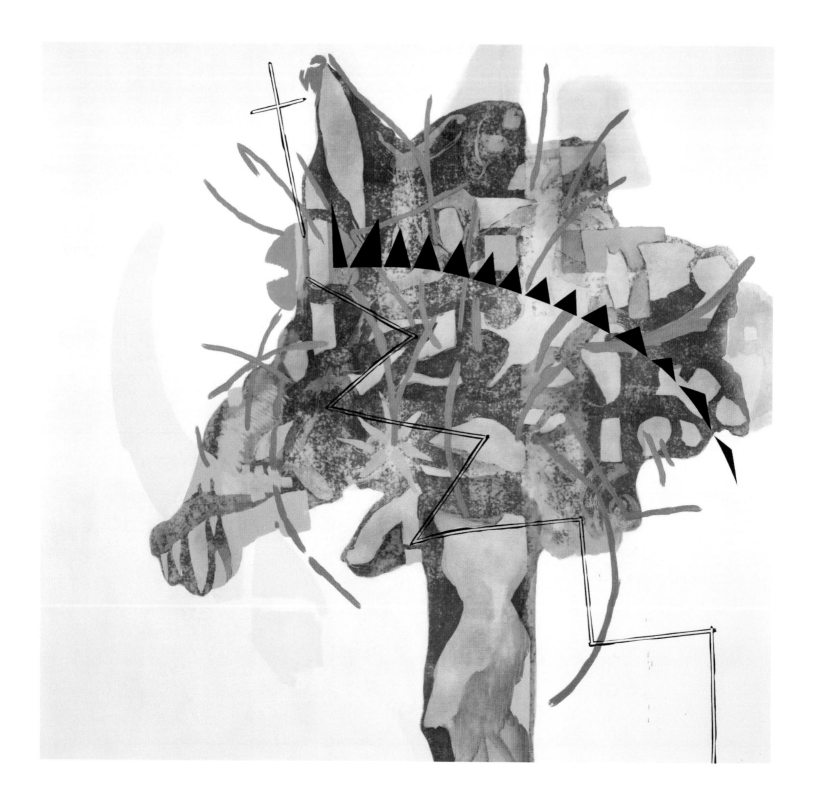

Gérard Traquandi
Sainte-Baume, 2016
Huile sur toile, 190 x 140 cm
Galerie Catherine Issert, Saint-Paul

188   **Joe Bradley**
[Untitled], 2014
Huile sur toile, 157,5 x 124,5 cm
Courtesy de l'artiste
et de la galerie Almine Rech

Yves Zurstrassen
Opening, 2015
Huile sur toile, 250 x 200 cm
Collection de l'artiste

HANS HARTUNG

1904-1989

Ces éléments chronologiques ont pour ambition de donner quelques points de repère dans le trajet extrêmement dense de Hans Hartung, et d'y intégrer notamment, sans rechercher aucunement l'exhaustivité, quelques faits importants — parution d'articles, organisation d'expositions, déclarations… — ayant spécifiquement trait à la problématique du lyrisme.

*Hans Hartung
dans l'atelier d'Antibes,* 1975
Photographie
de François Walch

1904
Hans Hartung naît le 21 septembre à Leipzig. Il est, très jeune, fasciné par les éclairs d'orage, qu'il dessine dans ses cahiers.

1912-1914
La famille déménage à Bâle puis, à l'annonce de la guerre, retourne à Leipzig.

1915-1921
Médecin de profession, le père de Hans Hartung est muté à l'hôpital militaire de Dresde, en tant que médecin chef. Le jeune Hans intègre le lycée en 1916.

1922-1924
Hartung fait ses premières œuvres abstraites, sans connaître les développements de l'abstraction en Europe. En 1922, il réalise des aquarelles abstraites et, en 1923 et au début de 1924, d'abondantes séries de dessins au fusain et à la sanguine. Ces œuvres seront très régulièrement mentionnées et exposées après 1945. En 1924, Hartung passe et obtient laborieusement son baccalauréat. Il intègre l'Académie des beaux-arts de Leipzig. Quand sa mère meurt en mars 1924, il revient brièvement à Dresde.

1925
Hartung assiste à une conférence de Kandinsky sur le Bauhaus de Weimar dispensée à l'Académie des beaux-arts de Leipzig, sans être convaincu par les propos de l'artiste russe. Il s'inscrit à l'école des beaux-arts à Dresde à l'automne.

1926
À l'occasion de l'Exposition internationale de Dresde, Hartung découvre l'impressionnisme, le fauvisme, le cubisme et le naïvisme. Après plusieurs excursions à vélo à travers la France et l'Italie pendant l'été, il effectue son premier voyage à Paris, en octobre, où il s'inscrit à l'académie d'André Lhote. Il la fréquentera jusqu'en février 1928, sans être tout à fait satisfait de l'enseignement prodigué.

1927
Hartung séjourne dans le sud de la France, au Barcarès et sur la plage de Leucate, près de Perpignan.

1928
Hartung étudie à l'Académie des beaux-arts de Munich. Fin septembre, il retourne à Paris.

1929-1930
Hartung rencontre Anna-Eva Bergman à Paris. En septembre 1929, après un séjour à Leucate durant l'été, ils se marient à Dresde où ils demeurent jusqu'au mois de septembre 1930. Le couple passe l'hiver 1930-1931 à La Colle-sur-Loup, près de Saint-Paul-de-Vence, dans les Alpes-Maritimes.

1931
De retour à Dresde en mai, Hartung travaille beaucoup à la préparation de sa première exposition personnelle à la galerie Heinrich Kühl — «Hans Hartung, *Gemälde, Aquarelle und Zeichnungen*» — dans laquelle figurent déjà, en plus d'œuvres figuratives, des pièces abstraites.

1932
En février, Hartung participe à une exposition de jeunes artistes — «*Junger Künstler*» — à la galerie Flechtheim, à Berlin. En mai, il part pour la Norvège où il expose avec Anna-Eva Bergman à la galerie Blomqvist à Oslo. En septembre, le père de Hans Hartung meurt, ce qui provoque chez lui une crise profonde. Le couple, alors à Homborsund, retourne à Dresde puis part pour Paris, fin octobre, et s'installe chez Bao Bergman, la mère d'Anna-Eva Bergman.

1933
Hartung a déposé un ensemble d'œuvres à la galerie Jeanne Bucher, à Paris. Il est également entré en contact avec Léonce Rosenberg et Daniel-Henry Kahnweiler, rencontre Carl Einstein. Après quoi, Hartung et Bergman partent aux Baléares, sur la côte nord de Minorque, pour s'installer dans une

Hans Hartung dans l'atelier d'Arcueil, 1947
Photographe inconnu

maison très dépouillée qu'ils ont fait construire d'après leurs propres plans. Hartung abandonne le calcul par le nombre d'or qu'il a tenté d'appliquer jusqu'alors aux proportions du tableau et produit à nouveau avec force, comme à ses débuts en 1922, un art guidé par l'instinct.

1934

Face à de nombreuses difficultés — problèmes d'argent, isolement, maladies… — et devant le projet d'une nouvelle exposition à la galerie Blomqvist, à Oslo, le couple quitte l'Espagne en novembre pour la Suède, afin de régler les formalités administratives au sujet des œuvres de l'exposition. Celle-ci n'aura cependant pas lieu. Durant l'année, Hartung systématise le procédé du report (expérimenté dès 1932), qui consiste à reproduire en tableau des dessins exécutés spontanément en gardant les signes et les marques de cette spontanéité. Ce système sera utilisé de façon variée jusqu'en 1959.

1935

Hartung part fin janvier pour Berlin où il est rejoint par Bergman, après un bref séjour à Oslo. De juin à septembre, Hartung est inscrit aux *Vereinigte Staatsschulen für freie und angewandte Kunst*. Il est inquiété et interrogé par la Gestapo. Il décide, sur les conseils de Will Grohmann et sur une invitation de Christian Zervos, de se rendre seul à Paris. Son premier atelier est situé au 19, rue Daguerre (XIVe arrondissement), près de celui d'Henri Goetz avec qui il va se lier d'amitié. Il expose pour la première fois aux Surindépendants en novembre. Par l'intermédiaire de Jean Hélion, dont il devient proche, il rencontre Vassily Kandinsky, Piet Mondrian, Alberto Magnelli, César Domela, Joan Miró et Alexander Calder.

1936

En mai, il expose à la galerie Pierre, à Paris, avec Jean Arp, John Ferren, Alberto Giacometti, Jean Hélion, Vassily Kandinsky, Paul Nelson, Wolfgang Paalen et Sophie Taeuber. Bergman le rejoint fin mai à Paris. Durant l'été, le couple séjourne à Hardanger, en Norvège, jusqu'en octobre. En novembre, Hartung s'installe dans un nouvel atelier au 8, rue François-Mouthon (XVe arrondissement). Deux de ses œuvres sont reproduites dans *Axis*, une revue anglaise. En novembre, il participe à une exposition collective, à la London Gallery de Londres et aux Surindépendants.

1937

Anna-Eva Bergman repart dès la fin du mois de janvier se faire soigner à San Remo, en Italie. Hartung travaille intensément. Fin juillet, il participe à l'événement « Origines et développement de l'art international indépendant », organisé par Zervos au musée du Jeu de paume, à Paris, avec, entre autres, Magnelli, Willi Baumeister, Arp, Hélion, Kandinsky, Miró, Delaunay. C'est à cette occasion qu'il rencontre le sculpteur Julio González pour la première fois. Une de ses toiles est reproduite dans *Transition*, une revue américaine, aux côtés d'œuvres de Magnelli, de Miró et de Josef Albers.

1938

Le divorce avec Anna-Eva Bergman est prononcé en mars. Hartung passe alors de plus en plus de temps chez les González, installés à Arcueil. Hartung crée lui-même une sculpture, qui sera exposée aux Surindépendants. En juillet, il participe à « *Exhibition of Twentieth Century German Art* », aux New Burlington Galleries de Londres, puis, en novembre, à « *Exhibition of* collages papiers-collés » chez Guggenheim Jeune. Une de ses œuvres est reproduite dans les nᵒˢ 1 et 2 de *Cahiers d'art*.

1939

En avril, la galerie Henriette présente «Roberta González et Hans Hartung. Dessins et pastels» à Paris. En mai, Hartung participe aux expositions «*Abstract and Concrete Art*» chez Guggenheim Jeune, à Londres, et «Réalités nouvelles» à la galerie Charpentier à Paris. Est présenté un dessin sans mention au catalogue, car il a été accepté au dernier moment grâce à l'insistance de Jean Hélion. Le 22 juillet, Hartung épouse Roberta González à Arcueil. Le 3 septembre, la France et la Grande-Bretagne déclarent la guerre à l'Allemagne, et, le 4, des affiches sont placardées sur tout le territoire, invitant les Allemands présents à Paris et considérés comme des «ressortissants de puissances ennemies» à se rendre au stade de Colombes. Hartung y est retenu quinze jours en septembre. Pour s'en extraire, il signe le 26 décembre, son engagement dans la Légion étrangère.
À l'automne est publié un article de George L. K. Morris qui reproduit la sculpture de Hartung de 1938 dans la revue new-yorkaise *Partisan Review*.

1940

Hartung est incorporé au Dépôt commun des régiments étrangers (DCRE), à Sidi-bel-Abbès, et travaille finalement dans une unité administrative, la 1re compagnie de passage du DCRE, jusqu'en octobre. Il continue de peindre et de dessiner. Le 5 octobre, Hartung rejoint la France et part vivre auprès de la famille González, réfugiée en zone libre, dans le Lot. Il y restera plus de deux ans.
En 1940, la toile *T1936-1* est exposée au Museum of Living Art fondé à New York par Albert Eugene Gallatin d'après sa propre collection; elle est par ailleurs reproduite dans le catalogue afférent.

1941

Réfugié à Lasbouygues, Hartung fait des travaux domestiques et agricoles, continue de peindre modestement.
Un pastel (variante d'une gouache réalisée à Sidi-bel-Abbès en 1940) est reproduit dans le numéro de septembre de *Partisan Review*.

1942

Julio González décède le 27 mars.
Après l'invasion de la zone libre, Hartung, de nationalité allemande, se cache chez des amis — les Simmoneau — près de Castelsarrasin, jusqu'en avril 1943.

1943

En avril, Hartung prend clandestinement la fuite en Espagne. Il est emprisonné pendant un mois et demi à Figueras sous le nom de Jean Gauthier (son nom de passage en Espagne), puis dans la prison franquiste de Gérone pour un mois, très brièvement à Barcelone et, enfin, au camp de Miranda de Ebro, où il reste en captivité d'août à novembre.
Après six mois d'emprisonnement, il est déplacé au Maroc et arrive à Casablanca le 17 novembre à bord du *Lépine*. Il souhaite s'engager alors sous son véritable nom dans l'armée régulière française, pour rejoindre l'Armée de la Libération en Afrique du Nord. Il est finalement renvoyé de force dans la Légion étrangère. Incorporé comme engagé volontaire à Sidi-bel-Abbès le 8 décembre, il prend alors un «nom de guerre», Pierre Berton, matricule 13145.

1944

Hartung est renvoyé en France le 24 septembre pour le débarquement en Provence, qui a commencé dès août. Il est nommé brancardier dans la section sanitaire et embarque à Oran. Il fait la traversée du 25 au 30 septembre, puis débarque à Marseille le 1er octobre. À la mi-novembre, le combat pour la prise de Belfort s'intensifie. Le 20 novembre, il est sérieusement touché à Buc. Le jour même, le blessé est dirigé vers l'hôpital de Lure, puis, deux jours plus tard, à l'hôpital de Dijon. Il subit, pour éviter la gangrène, une première amputation à la jambe droite. Il est ensuite admis dans un autre centre, à l'hôpital Purpan de Toulouse, vers la mi-décembre. Là, il endure une seconde amputation, au-dessus du genou.

1945

Après un congé de convalescence du 16 au 23 mars, Hartung est soigné à l'hôpital de Castelsarrasin jusqu'à mi-avril, date de son retour à Toulouse. Le 18 mai, il est réformé. En juillet, il retourne à Arcueil. Il peut alors reprendre la peinture. Il apprend que la plupart des toiles de ses débuts, restées à Leipzig chez sa sœur, ont été détruites par un bombardement. Il a également perdu des carnets de croquis lors du passage en Espagne et à la Légion, au combat. Il va reprendre la peinture, après six années extrêmement perturbées. Il cherche également à retrouver une identité administrative en faisant les demandes pour la rectification de son nom. Il mène laborieusement différentes correspondances avec plusieurs organismes et administrations, soucieux — dans un moment de grande détresse — de sa réinsertion économique et sociale.
Il participe aux Surindépendants en octobre avec Henri Goetz, Jean Deyrolle, Raoul Ubac, Camille Bryen… Son travail sous le nom de «Jean Hartung» est évoqué dans le *Journal des arts* de Zurich.

1946

Hartung devient courtier en œuvres d'art pour gagner un peu d'argent. Son activité est cependant de courte durée et ne rencontre pas un grand succès.
Il participe à plusieurs expositions de groupe, notamment à la salle du centre des recherches, rue Cujas, à Paris (dirigée par Domela), en février et en mai. En mai, il expose à la galerie Denise René, et en juillet, au Salon des réalités nouvelles, aux côtés d'expositions de Kandinksy, Magnelli, Delaunay ou encore Mondrian. Sa première exposition personnelle après la guerre se tient à la galerie Gasser, à Zurich, sous le titre «Jean Hartung», reprenant ici la francisation de son prénom associée à son nom de famille en tant que civil. Le 9 novembre, Hartung obtient la nationalité française. Will Grohmann évoque le travail réalisé en 1938 par Hartung dans *Cahiers d'art*. Dès cette période, les critiques d'art Charles Estienne et Léon Degand défendent l'abstraction spontanée de ses œuvres: Degand, faisant un compte rendu du Salon de mai à Paris, évoque le «lyrisme» de Hartung (c'est le premier article dans lequel il le mentionne: «Tendances des Jeunes», *Les Lettres Françaises*, 14 juin 1946, p. 4.). Lors d'une visite d'atelier à «Jean» Hartung en décembre 1946, il écrit: «Ce que d'autres — dans cet infini de l'abstraction, cherchent par la forme géométrique ou par le tracé des signes nettement définis, Hartung, de plus en plus, le traque par le lyrisme.» (Léon Degand, «Jean Hartung», in *Juin*, 3 décembre 1946, p. 5).

1947

Une exposition «Hans Hartung» est organisée en février à la galerie Lydia Conti à Paris: elle présente sept peintures de 1935 à 1947. Madeleine Rousseau en assure la préface. Lors du Salon des réalités nouvelles, Hartung expose auprès de Georges Mathieu, Wols, Camille Bryen, Gérard Schneider ou encore Serge Poliakoff. L'association directe entre le vocable de l'abstraction et celui du lyrisme connaît sa première occurrence sous la plume de Jean-José Marchand, lequel écrit: «Mais le groupe le plus intéressant est celui des abstractivistes lyriques, exposant habituellement chez Lydia Conti et chez Denise René. Leurs précurseurs sont évidemment les abstraits surréalistes […]. Le groupe est incontestablement dominé par la personnalité de Hans Hartung. Cet Allemand de quarante ans, aujourd'hui naturalisé français, est le seul de tout le Salon (avec Arp) qui donne une impression de liberté absolue vis-à-vis des théories.» (Jean-José Marchand, «Réflexions à propos de l'exposition surréaliste et des "réalités nouvelles"», in *Paru. L'actualité littéraire intellectuelle et artistique*, septembre 1947, n° 34, p. 132) Le 16 décembre,

est inaugurée à la galerie du Luxembourg à Paris l'exposition «L'Imaginaire». Hartung y figure aux côtés notamment de Jean Arp, Jean-Michel Atlan, Victor Brauner, Camille Bryen, Georges Mathieu, Wols. Une nouvelle fois, Jean-José Marchand, qui signe le texte de présentation du catalogue, emploie l'expression d'«abstractivisme lyrique». Dans les années ultérieures, Georges Mathieu reviendra sur cette naissance de l'expression «abstraction lyrique» et, sans nier complètement le rôle de Jean-José Marchand, il cherchera néanmoins à se l'approprier (voir à ce sujet Georges Mathieu, *Au-delà du tachisme*, Paris, Julliard, 1963).
Par l'intermédiaire de Madeleine Rousseau, le cinéaste Alain Resnais tourne un court métrage sur Hartung dans son atelier. Le film est présenté en Allemagne en 1948, et en 1950, à la librairie-galerie La Hune lors de la sortie de la première monographie consacrée à l'œuvre de Hartung.

1948
«Hans Hartung. Dessins 1922-1948» est organisé en février à la galerie Lydia Conti. Hartung participe ensuite à Paris à «Prise de Terre» à la galerie René Breteau et à «HWPSMTB» chez Colette Allendy. Commentant cette exposition, le critique Jean-José Marchand dit y aimer qu'elle «exprime nettement une tendance, celle du lyrisme pictural» et affirme par ailleurs : «Hartung est le seul qui mérite actuellement le titre de grand peintre.» (Jean-José Marchand, «Les expositions», in *Paru. L'actualité littéraire intellectuelle et artistique*, juin 1948, n° 43, p. 132-133)
En juillet, Hartung participe au Salon des réalités nouvelles, puis à la Biennale de Venise avec Hélion, Calder, Brancusi et Giacometti. À la fin de 1948, pour la première fois depuis la guerre, il retourne en Allemagne. Il y séjourne chez le collectionneur Ottomar Domnick, à Stuttgart, où il réalise plusieurs toiles.

1949
En France et à l'international, les expositions abondent : à Paris, chez Denise René, Colette Allendy et Lydia Conti (avec Pierre Soulages et Gérard Schneider), au Salon de Mai et celui des réalités nouvelles, à Londres à la Hanover Gallery («*Peter Foldes and Hans Hartung*») et à Munich à la galerie Otto Stangl. Il figure aussi parmi les artistes de l'exposition itinérante «*Französische Abstrakte Malerei*» organisée par Ottomar Domnick qui se déplace à Stuttgart, Munich, Düsseldorf, Hanovre ou encore Francfort. Hartung figure aussi à New York dans la galerie Betty Parsons («*Painted in 1949*») et au musée d'Art moderne de São Paulo : «*Do Figurativismo ao Abstracionismo*» dont le critique d'art

Léon Degand est commissaire. Est également publiée la première monographie consacrée à Hartung avec des textes de Madeleine Rousseau et Ottomar Domnick et une préface de James Johnson Sweeney. Celui-ci, directeur du département de peinture du MoMA depuis 1935, connaît bien l'œuvre de Hartung depuis l'année 1938, date à laquelle il a visité son atelier. Quant à Madeleine Rousseau, dressant une typologie de l'abstraction contemporaine, elle explique ainsi la tendance à laquelle elle associe Hartung : cette «tendance est caractérisée par une liberté absolue dans l'emploi de ses moyens d'expression qu'aucune contrainte — mathématique ou représentative — ne limite : son langage est comme la concrétisation d'un jaillissement intérieur violent, une expression directe presque instinctive qui atteste que, consciemment ou non, les tenants de cet art sont des lyriques» (Madeleine Rousseau, «Vie et œuvre» *in* Ottomar Domnick, James Johnson Sweeney, *Hans Hartung*, Stuttgart, Domnick Verlag, 1949, p. 12).

1950
Hartung est présent en avril dans la première exposition «*Advancing French Art*» organisée à la galerie Louis Carré de New York.

1951
Michel Tapié organise, galerie Nina Dausset à Paris, l'exposition «Véhémences confrontées» où Hartung est présent aux côtés de Wols, Pollock, De Kooning et Mathieu. En avril, la galerie Louis Carré de Paris montre sa production avec celle de Gérard Schneider et d'André Lanskoy. Une exposition lui est consacrée à la galerie d'Art moderne de Bâle («Hans Hartung») et à Cologne, à la galerie Der Spiegel : «*Hans Hartung, Pastelle und Zeichnungen*».

1952
En février, la Kunsthalle de Bâle présente «Hans Hartung. Walter Bodmer». Hartung expose pour la deuxième fois à la Biennale de Venise, en juin, puis en octobre à la galerie Rudolf Probst, à Mannheim.
Hartung revoit Anna-Eva Bergman. Après quinze ans de séparation, ils reprennent leur relation. Hartung se sépare en conséquence de Roberta González, et Anna-Eva Bergman de Frithjof Lange, qu'elle avait épousé en Norvège en 1944.

1953
En janvier, la Lefevre Gallery de Londres présente «*Paintings by Hans Hartung*». Il participe à «*Younger European Painters*», au Solomon R. Guggenheim Museum de New York en décembre. Hartung et Bergman emménagent dans un atelier situé 7, rue Cels,

à Paris. Durant plusieurs mois, le couple travaille dans l'atelier de l'imprimeur et graveur Roger Lacourière ; Hartung y perfectionne sa technique de l'estampe et en produit un nombre important (32 numéros).

1954
Le Palais des beaux-arts de Bruxelles orchestre une rétrospective consacrée à Hans Hartung en avril. Il participe à la 27e Biennale de Venise et, en novembre, il est invité à exposer des gravures au Museu de Arte Moderna de São Paulo pour «*Artistas de Vanguarda da Escola de Paris*» avec Magnelli, André Bloc, Arp et Vasarely. De nombreux lieux parisiens montrent son œuvre (Petit Palais, les galeries La Hune, Craven, Allendy, Charpentier et Ariel).

1955
Hartung prend part à la première Documenta à Kassel en juillet. Il est également invité à plusieurs expositions internationales : «*Art in the Twentieth Century*» à Pittsburgh, au San Francisco Museum of Modern Art, à la troisième Exposition internationale de Tokyo, ainsi qu'à la troisième Biennale d'art moderne de São Paulo avec Zao Wou-ki, Roberto Matta, Victor Brauner, Mark Tobey, Alberto Burri…

1956
La Galerie de France, à Paris, sous la direction de Myriam Prévot et Gildo Caputo, expose les peintures récentes de Hartung. Cette galerie représentera l'artiste jusqu'en 1980. La galerie Craven organise l'exposition «Hartung Dessins 1921-1938».
Hartung est nommé membre extraordinaire de l'Académie des arts de Berlin.
Pierre Restany déclare dans un article : «Écriture directe des gestes d'instincts, émotion pure graphiquement retranscrite, le signe de Hartung est le magistral paraphe d'une existence solitaire menée aux plus austères sommets de l'aventure lyrique.» (Pierre Restany, «Le cas Hartung», *Prisme des arts, Revue internationale d'art contemporain*, Paris, Les éditions d'art et d'industrie, n° 6, novembre 1956)

1957
Hartung se lance dans une série de pastels qu'il poursuivra jusqu'en 1961. Il épouse une seconde fois Anna-Eva Bergman.
Début janvier, une importante rétrospective itinérante s'organise en Allemagne, à destination de Hanovre, Stuttgart, Berlin, Hambourg, Nuremberg et Cologne.
En mars, les Kleeman Galleries exposent Hartung à New York. Hartung est également présent dans «Art abstrait. Les premières générations» au musée d'Art et d'Industrie de Saint-Étienne.

1958

Hartung et Bergman emménagent au 5, rue Gauguet, à Paris, dans une maison cubique construite en 1928 par l'architecte Marcel Zielinski. Ils font surélever le bâtiment, d'après leurs propres plans, pour disposer chacun d'un atelier par étage.
Les expositions personnelles présentent essentiellement des œuvres sur papier : en avril, à la Moderne Galerie Otto Stangl de Munich ; en mai, « Il Segno. Hans Hartung. Pastels et gravures » à Rome ; en juin, à la Galleria Blu de Milan ; en novembre, à la Galerie de France.
Hartung est le premier lauréat du prix Rubens de la ville de Siegen.
Sa production est également présente dans de nombreuses expositions collectives : « De l'impressionnisme à nos jours », musée national d'Art moderne, Paris ; « Origine de l'art informel », galerie Rive droite, Paris ; « Cinquante ans d'art moderne », Exposition internationale de Bruxelles, Pavillon français ; « Peintures informelles », galerie Beyeler, Bâle ; « Orient Occident », musée Cernuschi, Paris. Il devient membre correspondant de l'Académie des beaux-arts de Munich.

1959

Avec l'installation au 5, rue Gauguet, commence l'élaboration d'un vaste catalogue de son œuvre, lequel sera réalisé jusqu'à sa mort. Il associe à chaque œuvre une reproduction photographique et un ensemble complet d'éléments descriptifs.
Les œuvres de 1959 sont très majoritairement sur papier. Il ne produit que six toiles.
Après l'exposition « Hartung Pastels 1958 » en mars aux Kleemann Galleries à New York et sa participation à la deuxième Documenta, il obtient sa première rétrospective en France au musée d'Antibes, château Grimaldi (qui deviendra le musée Picasso) en juillet.

1960

Avec Anna-Eva Bergman, il fait l'acquisition d'un champ d'oliviers de deux hectares à Antibes. Le couple en fera son lieu de travail et de vie et s'y installera en 1973.
Il commence à utiliser les couleurs vinyliques dont les propriétés de séchage rapide et de dilution donnent la possibilité d'une obtention spontanée, directe, de la forme recherchée sur des toiles de grand format. Le processus de report est donc abandonné. La monographie sur Hans Hartung de Roger van Gindertael paraît. La revue *Camera* publie pour la première fois certains de ses travaux photographiques.
À la 30ᵉ Biennale de Venise, le jury décerne en juin le Grand prix international de peinture à Hans Hartung, qui expose dans une salle du Pavillon français. Fautrier obtient également un Prix international spécialement créé pour l'occasion. Les deux artistes sont donc lauréats *ex aequo* lors de cette édition.

Pierre Restany publie *Lyrisme et abstraction*, où il écrit au sujet de Hartung : « On peut dire que Hartung a préfiguré les cheminements possibles du lyrisme abstrait, du tachisme calligraphique à l'informel des graffitis muraux, en passant par les diverses tentatives d'intégration spatiale où l'on retrouve en germe la vision émotionnelle synthétique chère aux néo-expressionnistes américains. » (Pierre Restany, *Lyrisme et abstraction*, Milan, éditions Apollinaire, 1960, p. 58). Hartung est nommé officier de l'ordre des Arts et des Lettres.

1961

Hartung commence une nouvelle phase sur le plan esthétique, fondée sur la pulvérisation de peinture et sur le grattage de lignes graphiques dans la matière encore fraîche. Il expérimente de nombreux outils servant à peindre et à abraser. Il en réalise le catalogue descriptif par groupes d'instruments, selon l'effet particulier donné sur la toile.
En juin, une exposition des œuvres de la première partie de sa vie est montrée à la Galerie de France : « Œuvres de 1922 à 1939 ».

1962

Il y a un important changement de proportion entre la production d'œuvres sur papier et la production de toiles : plus de 300 toiles pour seulement une dizaine d'œuvres sur papier et carton.

Hans Hartung dans l'atelier d'Arcueil, 1952
Photographe inconnu

Hans Hartung dans l'atelier de la rue Cels, Paris, 1958
Photographe inconnu

En octobre, des grands formats exécutés selon la méthode expérimentée depuis 1960 sont exposés pour la première fois à la Galerie de France : « Hans Hartung. Cinquante œuvres nouvelles ».

1963
L'activité de Hartung est très importante : nombreuses toiles, nombreuses expositions, multiples voyages pour montrer sa production.

1964
Hans Hartung voyage avec Anna-Eva Bergman au-delà du cap Nord de la Norvège jusqu'à la frontière soviétique. Ils font près d'un millier de photographies.
Le couple se rend également pour la première fois aux États-Unis, alors que Hartung est membre du jury du Carnegie Institute de Pittsburgh (aux côtés de l'historien de l'art Roland Penrose et d'Adelyn D. Breeskin, directrice de la Washington Gallery of Modern Art), jury qui doit décerner sept prix à des peintres et sculpteurs internationaux, parmi lesquels, cette année-là, Jean Arp, Pierre Soulages Ellsworth Kelly, Eduardo Chillida et Victor Pasmore.
L'exposition « Hans Hartung. Quinze peintures 1963-1964 » a lieu en juin à la Galerie de France.
Hartung est décoré de la grand-croix de l'ordre du Mérite de la République fédérale d'Allemagne.

1966
Hartung exécute ses premières toiles composées de taches sombres obtenues par pulvérisation, généralement de grands formats, et dépourvues de signes (grattages) complémentaires. À l'invitation de l'Unesco, il va au Japon pour participer à un symposium. La Galleria Civica d'Arte Moderna de Turin lui consacre une rétrospective en mai. En décembre, il effectue son deuxième voyage aux États-Unis à l'occasion de l'exposition « Hans Hartung. Paintings 1966 » qu'organise la André Emmerich Gallery à New York.
Un essai fondamental est publié chez Erker, l'ouvrage conférant à Hartung un statut de pionnier visionnaire dans le champ de l'abstraction spontanée et informelle. Il s'agit de Hans Hartung, Aquarelles 1922 signé par Will Grohmann, et accompagné de fac-similés de très grande qualité.

1967
Alors que le nombre de toiles diminue, l'année est rythmée par l'exécution d'une importante série de peintures sur carton.
En mars, Hartung expose au musée de Saint-Paul-de-Vence (avec Arp, Magnelli et

Bergman), puis à la Galleria La Polena à Gênes et à la Galleria Narciso à Turin.
En mai, il participe à « 10 années d'art vivant 1955-1965 » à la Fondation Maeght de Saint-Paul-de-Vence.
Il est nommé commandeur de l'ordre des Arts et des Lettres.

1968
Hartung se consacre essentiellement à l'élaboration des plans de la maison et des ateliers d'Antibes. Avec Anna-Eva Bergman, ils suivront scrupuleusement la réalisation du vaste chantier. Ceci explique que très peu d'œuvres soient produites (et aucune toile) cette année-ci. En mars, une rétrospective est orchestrée au City Museum and Art Gallery de Birmingham.

1969
En janvier, ouvre au musée national d'Art moderne de Paris une grande rétrospective sur Hartung, inaugurée par André Malraux, laquelle sera ensuite accueillie en avril au Museum of Fine Arts de Houston, en septembre au musée du Québec à Québec, puis en octobre au musée d'Art contemporain de Montréal. Hartung renoue avec la série des peintures sur carton entamée en 1967.

1970
Des couleurs vives, proches de la série des peintures sur carton réalisées les années précédentes, apparaissent sur des toiles de grand format de Hartung.

1971
Hartung est exposé à la Lefevre Gallery de New York en février (« Hartung. Selected Works ») puis en mai, à la galerie René Métras de Barcelone (« Hartung. Toiles, peintures sur carton ») ; en juin à la Fondation Maeght (« Hartung. Grands formats 1961-1971 »). Au sujet de cette dernière exposition, et parlant donc des productions récentes, André Verdet évoque le « haut lyrisme » maintenu « dans la fraîcheur de son éclosion » par « beaucoup de ferveur, beaucoup de clairvoyance, de contrôle de soi » (André Verdet, « Éblouissement de Hans Hartung », Vingtième siècle, n° 37, décembre 1971).
Il participe à « Hommage à Christian et Yvonne Zervos » aux Galeries nationales du Grand Palais à Paris.

1972
Hans Hartung travaille principalement sur papier et ne réalise qu'une vingtaine de toiles. Il se consacre également à la céramique.
Il participe à de nombreuses expositions collectives en France et en Europe (Strasbourg, Athènes, Birmingham, Milan).
Il expose une toile majeure des années 1930

— T1935-1 — à la Biennale de Venise.
Au faîte de son succès, il est désormais considéré par la critique comme appartenant à l'histoire de l'art du XXe siècle. Il est cité dans le catalogue de l'exposition « Douze ans d'art contemporain en France 1960-1972 », qui a lieu au Grand Palais à Paris de mai à septembre. Dans la section intitulée « Les expositions et la critique en 1960 », le galeriste et critique Daniel Cordier rassemble les articles de presse de l'année 1960 qui ont, selon lui, marqué l'époque, afin de faire découvrir à la nouvelle génération « ces événements qui sont maintenant l'histoire » (Douze ans d'art contemporain en France 1960-1972, Paris, Réunion des musées nationaux, 1972). Figure parmi ces articles celui que Michel Ragon consacre à Hans Hartung dans Cimaise en octobre 1960. Au sujet du travail de Hartung, le critique affirme : « C'était […] une œuvre purement abstraite, mais d'une sorte d'abstraction toute nouvelle que l'on qualifiera plus tard d'abstraction lyrique. Sortiront de cette tendance (qui devait s'épanouir aussitôt après la guerre), l'action painting, l'informel, le tachisme, cet art qui devait devenir ces dernières années l'un des grands courants de la jeune peinture ; cet art abstrait dans le rythme, dans la ligne développée "dans un espace abstrait" ; cette poétique dynamique par la seule vertu de la tache et du signe. » (Michel Ragon, Cimaise, n° 50, octobre 1960)

1973
Le chantier des ateliers et de la villa d'Antibes s'achève le 31 janvier. Le couple s'y installe.
L'année est très productive : Hans Hartung crée des centaines de dessins et peintures.
Il expose à la galerie Maeght de Zurich.

1974
La revue Cimaise publie un numéro spécial dédié à Hartung, qui fête ses 70 ans.
En mai, ses peintures récentes sont exposées à la Galerie de France, « Hans Hartung 1971-1974 », et en septembre, une rétrospective itinérante en Allemagne lui est consacrée (Wallraf-Richartz-Museum, à Cologne, puis à Berlin et Munich).
Un monde ignoré vu par Hans Hartung, poèmes et légendes de Jean Tardieu comprenant des reproductions photographiques de pierres par Hans Hartung, édité par Albert Skira, paraît.

1975
En octobre, le Metropolitan Museum of Art de New York montre les toiles récentes de Hartung : « Hans Hartung. Paintings 1971-1975 ».
Le succès est mitigé. En novembre, la Lefevre Gallery fête son anniversaire avec « Salute to Hans Hartung in celebration of his seventieth birthday ».

Hans Hartung dans l'atelier d'Antibes, 1975
Photographie de François Walch

*Hans Hartung
dans l'atelier d'Antibes,* 1975
Photographie de André Villers

ci-contre:
*Hans Hartung
dans l'atelier d'Antibes,* 1974
Photographie de François Walch

1976

Baptisé *Autoportrait,* le récit autobiographique de Hartung est publié d'après des entretiens avec Monique Lefebvre aux éditions Grasset. Hartung évoque à plusieurs reprises la notion de lyrisme. Il explique, entre autres: «J'avais réintroduit dans la peinture ce que les constructivistes avaient banni. Ils s'étaient débarrassés du lyrisme, de l'émotion, de tout ce qui était non rectiligne, non géométrique. J'avais refusé cette élimination de toute sensibilité humaine et de la liberté d'expression lui correspondant.» (Hans Hartung, *Autoportrait,* Paris, Grasset, 1976, p. 130) Il affirme encore: «Ce qui me reste en premier lieu de l'Allemagne, c'est l'amour du lyrisme, de la musique, de tout ce qui est expressif mais dominé et me fait penser à Bach, Schütz, Telemann et Haendel, et à des peintres comme Cranach, Grünewald et, dans les dernières générations, parmi les expressionnistes, à Christian Rohlfs et à Emil Nolde et, enfin, à ce merveilleux poète qu'était Paul Klee.» (Hans Hartung, *op. cit.*, p. 207)

1977

Fin janvier, le Centre national d'art et de culture Georges-Pompidou est inauguré et des œuvres de Hartung y sont exposées. L'artiste est reçu à l'Institut comme membre de la section peinture de l'Académie des beaux-arts.
Dans sa monographie sur Hartung, le critique Pierre Descargues écrit qu'il est l'«inventeur en 1922 de l'abstraction lyrique. Invention qui, vingt-cinq ans plus tard, a changé la peinture en Europe comme aux États-Unis. Il a fallu un quart de siècle. Au temps des masses-médias, la durée ancienne de diffusion d'une idée.» (Pierre Descargues, *Hans Hartung*, Paris, Cercle d'Art, 1977, p.7)

1978

En juin, le musée de l'abbaye Sainte-Croix des Sables-d'Olonne consacre à Hartung une rétrospective: «Hans Hartung. Œuvres sur papier 1922-1978».

1979

Hartung réalise cette année-là 80 œuvres sur papiers et 71 toiles. Du 5 juillet au 16 septembre 1979, le musée Picasso d'Antibes lui consacre une exposition qui rassemble une trentaine de toiles datées de 1962 à 1977, des céramiques et une tapisserie. Daniel Abadie signe le texte du catalogue et affirme au sujet de l'artiste qu'il est le fondateur de l'abstraction lyrique: «L'abstraction lyrique, telle que dès 1922 il en posa les bases, est exercice sans filet.» Hans Hartung prend en outre part à plusieurs manifestations de groupe, notamment une exposition itinérante dédiée à l'École de Paris (Lisbonne, Madrid, Varsovie).

1980

En avril, les œuvres de la première partie de la vie de Hartung sont montrées au musée d'Art moderne de la ville de Paris («Œuvres de 1922 à 1939»). Dans le catalogue, André Berne-Joffroy écrit: «Considérées conjointement avec les dessins à l'encre, à la craie noire, au fusain, à la sanguine, réalisés par Hartung à la même époque (1922-1924), [les aquarelles] apparaissent en effet aujourd'hui comme le prélude stupéfiant d'un des grands mouvements picturaux du XXe siècle, celui qu'ont désigné tour à tour les termes approximatifs d'abstraction lyrique, de tachisme et d'*action painting,* mouvement *sui generis,* qui ne s'est épanoui et n'a été connu qu'après la fin de la Seconde Guerre mondiale. Hartung en a été le précurseur.» (André Berne-Joffroy, *Hartung. Œuvres de 1922 à 1939,* catalogue d'exposition du musée d'Art moderne de la ville de Paris, Paris, 1980, [non paginé])

Dans la continuité technique de brosses volontairement usées et de pinceaux chinois, Hartung emploie abondamment de grands balais de genêts pour produire ses œuvres.

1981

Hartung est lauréat du prix Kokoschka. L'*Autoportrait* traduit en allemand est présenté à l'Académie des arts de Berlin. En Allemagne, se tiennent plusieurs rétrospectives à la suite de celle du Städtische Kunsthalle de Düsseldorf, «Hans Hartung. Malerei, Zeichnung, Photographie». Treize ans avant la création de la Fondation Hartung-Bergman, Hans Hartung envisage déjà de léguer son patrimoine ainsi que celui de sa femme dans le cadre d'une fondation. Dans un entretien pour *Le Nouvel Observateur*, Hartung déclare: «Ce que j'ai souhaité, c'est d'associer le lyrisme de l'esprit germanique et cette remarquable mise en forme de l'esprit latin qui m'a obsessionnellement séduit.» (Hans Hartung, «Monsieur Hans et docteur Hartung», entretien avec France Huser, *Le Nouvel Observateur*, 18-24 juillet 1981)

1982

Une salle permanente (donation de l'artiste et achat du musée) lui est consacrée à la Staatsgalerie Moderne Kunst de Munich. Plus d'une centaine de photographies sont exposées au musée national d'Art moderne, Centre Georges-Pompidou de Paris: «Hans Hartung photographe».

1983

La galerie Sapone de Nice présente «Hartung. Peintures 1980-1983» et le Fritz-Winter-Haus d'Ahlen (Westphalie) «*Hans Hartung. Gemälde*».

1984

C'est le 80e anniversaire de Hans Hartung. Les expositions se multiplient: centre Noroît d'Arras, «Hans Hartung. Douze ans de travail 1971-1983»; galerie Roswitha Haftmann à Zurich, «*Hans Hartung. Pastelle, Mischtechnik 1960-1983*»; la Biennale de Venise au Palazzo de Sagredo, «Peinture en France. Hans Hartung: 10 grandes peintures»; Museum der bildenden Künste à Leipzig, «*Hans Hartung. Graphik 1953-1973*»; galerie Wolfgang Ketterer à Munich, «*Hans Hartung zum 80. Geburtstag: Gemälde, Lithographien 1964-1984*»; Städtische Galerie Haus Seel à Siegen, «*Hans Hartung. Gemälde*»; Hessisches Landesmuseum de Darmstadt.
Hartung est nommé membre de l'ordre de Maximilien-Joseph de Bavière pour la science et l'art, et grand-croix de l'ordre du Mérite de la République fédérale d'Allemagne.

Hans Hartung dans l'atelier d'Antibes, 1989
Photographie de André Villers

1985
Hartung s'essaye à de nouvelles techniques
de projection par tyrolienne.
Deux expositions lui sont consacrées: au
musée Picasso à Antibes, « Fabian, Bergman,
Hartung: peintures et tapisseries »;
à l'hôtel de ville de Paris, « Grands formats
1971-1984 ».

1986
Hartung emploie la sulfateuse pour peindre:
il projette avec elle des masses de peinture
sur la toile. Bien qu'amoindri par la vieillesse
et son amputation, Hartung continue
d'adapter remarquablement ses moyens
de production pour produire librement
et intensément.

1987
Le 24 juillet, Anna-Eva Bergman meurt.
Le musée Picasso d'Antibes présente
« Premières peintures 1922-1949 ».

1988
Hartung est exposé dans quatre lieux: musée
des Beaux-Arts de Carcassonne, « Hans
Hartung. Travaux récents, 1985-1986-1988 »;
Palazzo dei Diamanti à Ferrare, « Hans
Hartung »; chapelle de la Sorbonne à Paris,
« Hans Hartung. Peintures 1974-1988 »;
abbaye des Cordeliers à Châteauroux,
« Hans Hartung, l'époque d'Antibes
1973-1988 ». Dans *Libération*, Henri-François
Debailleux interroge Hartung en le
présentant comme « maître de l'abstraction
lyrique gestuelle » et en lui demandant son
avis sur l'importance de ce mouvement.
L'artiste répond: « C'était, pour l'artiste, une
plus grande liberté d'expression qui lui
permettait de dire autre chose que de
simplement recopier la nature en couleurs et
avec des pinceaux. Je crois, en ce sens, que
c'est un des mouvements les plus importants
du siècle », tout en ajoutant qu'il est « trop tôt
pour juger », que « la suite du mouvement »

est « en train d'avoir lieu », sans citer
d'exemples (Entretien de Hartung avec
Henri-François Debailleux, « L'art selon
Hartung », in *Libération*, 18 août 1988).

1989
Le musée Unterlinden de Colmar présente
« Hans Hartung. Premières recherches
abstraites 1922-1938 ».
Hartung est promu, le 10 janvier, grand
officier de la Légion d'honneur. La décoration
lui est remise par François Mitterrand,
président de la République.
Le 7 décembre, à l'âge de 85 ans, Hans
Hartung meurt à Antibes, après avoir réalisé,
en cette ultime année de création, pas moins
de 361 toiles.

SCHNEIDER
GOTTLIEB
DE KOONING
WINTER
DEGOTTEX
MATHIEU
HANTAÏ
JAFFE
TWOMBLY
FRANKENTHALER
POLKE
TRAQUANDI
OEHLEN
WOOL
ZURSTRASSEN
VON HEYL
BRADLEY

BIOGRAPHIES

par Pauline Mari
Docteur en histoire de l'art contemporain

GÉRARD SCHNEIDER

Sainte-Croix, Suisse, 1896
– Paris, 1986
→ **pp. 95 à 98**

En France, Gérard Schneider fut l'un des pionniers de l'abstraction lyrique. Ce Suisse a fait ses armes avec des classiques, comme la nature morte ou le style surréaliste. Dans les années 1930, à Paris, il s'achemine vers une peinture abstraite. Mais ce n'est que vingt ans plus tard qu'il trouve son identité gestuelle. La vitesse et le mouvement y occupent un rôle de premier plan. Concentré sur son émotion immédiate, le peintre, placé au-dessus de la toile, la balaie avec de larges coups de brosse au tracé puissant et vif, tantôt sinueux, tantôt fulgurant. Schneider aimait faire chanter les contrastes. Les plages de noir sont associées à des coloris purs — rouge vermillon, bleu outremer, jaune lumineux — ou à des teintes plus étouffées comme l'ocre, le marron, le vert d'eau. Il écrivait des poèmes surréalistes (publiés en 1974) et, en tant que pianiste aguerri, s'adonnait à de longues heures d'improvisation musicale, une pratique à l'origine de la numérotation de ses œuvres picturales à partir du titre *Opus*. La musique, l'investissement dans le geste, comme son rendu calligraphique le rapprochent de Hans Hartung. Les deux peintres ont d'ailleurs participé aux mêmes expositions parisiennes, à une époque où l'on découvrait l'abstraction de Kandinsky et de Paul Klee (morts respectivement en 1944 et 1940). La galeriste Denise René les expose à l'hiver 1946. C'est au tour de Lydia Conti à l'automne, puis au printemps de l'année suivante, où les treize œuvres de Schneider sont remarquées par Charles Estienne, le futur promoteur de l'abstraction lyrique. À quelques années de son officialisation, le critique célèbre dans la revue *Combat* une âme « romantique, se fiant plus à son graphisme et [...] aux taches de couleurs éclatantes, pour s'exprimer d'une manière lyrique ». À ce duo il faut ajouter le jeune peintre Pierre Soulages présent, lui aussi, en 1948 à l'exposition d'envergure *Französische Abstrakte Malerei* (« Peintres français abstraits »), qui voyagea dans toute l'Allemagne. Lyrique, Gérard Schneider l'est au premier et « sublime » degré.

ADOLPH GOTTLIEB

New York, États-Unis,
1903 – 1974
→ **p. 84**

Adolph Gottlieb est un peintre rattaché à l'expressionnisme abstrait. En 1920, il abandonne ses études secondaires et intègre l'Art Students League. Un an plus tard, à l'âge de dix-sept ans, il se rend en Europe et séjourne six mois à Paris où il s'inscrit aux cours de l'Académie de la Grande Chaumière et visite le Louvre. Les peintures de Paul Cézanne, de Fernand Léger et d'Henri Matisse influencent son appréhension de l'espace et de la couleur. De retour à New York, il élargit son réseau artistique, fréquentant les peintres Milton Avery et Barnett Newman qui l'accompagne dans tous les musées de New York, le sculpteur David Smith ou encore la galerie Theodore A. Kohn qui lui offre sa première exposition personnelle en 1934. L'année suivante, il fonde le groupe *The Ten* (« Les dix ») avec Mark Rothko et huit autres artistes. La décennie 1940 le place au cœur de recherches sur le primitivisme. Il s'agit pour Gottlieb de renouveler les écoles épuisées qui font encore autorité aux États-Unis et en Europe. Pour lui, le réalisme américain — baptisé « régional » — relève d'une attitude insulaire, le surréalisme confine à l'illusionnisme pictural ; quant au cubisme et à l'abstraction géométrique, ils sont devenus académiques. La découverte des terres amérindiennes en 1937 — il passe presque un an en Arizona — avait révélé à Gottlieb le potentiel universel des « pictographes », ces signes archétypaux gravés en milieu rupestre dont il tire une série éponyme de 1941 à 1950. Le peintre fait alors danser des réminiscences de symboles archaïques (ovales, œufs, serpents, dents, flèches, etc.) sur des grilles dont la rigueur semble du coup menacée. Le processus d'abstraction incorpore, en chemin, divers motifs gréco-romains visiblement réinvestis de sentimentalité : yeux inquiétants (*Œdipus*, 1941) et profils stylisés de vases antiques (*Alkahest of Paracelsus*, 1945). De l'huile à la tempera, la palette aime les gammes ocre, grises ou bleutées. Elle aura toutefois tendance à rougeoyer intensément à l'endroit de soleils abstraits qui planent dans la partie supérieure de la toile. Ce goût pour les halos apparaît à la fin des années 1950 (*Burst*, 1957) et connote alors son expressionnisme de plus en plus abstrait d'un lyrisme au penchant symboliste. Celui-là même qui flotte en toute liberté entre ésotérisme des hiéroglyphes et efficacité formelle du *Color Field*.

WILLEM DE KOONING

Rotterdam, Pays-Bas, 1904 – East Hampton
(Long Island), États-Unis, 1997
→ **p. 136**

Lorsqu'il émigre en 1926 à New York, Willem
de Kooning est peintre décorateur.
Ses dispositions pour le dessin et sa révélation
au musée devant des Matisse ou des Paul
Klee, puis la rencontre du peintre d'influence
surréaliste Arshile Gorky, l'encouragent
à devenir artiste. De Kooning s'engage dans
l'abstraction dès 1934, sans non plus renoncer
à la figuration. Il traverse les années difficiles
de la crise financière grâce à plusieurs
commandes artistiques de la Works Progress
Administration, un programme gouvernemental
chargé de faire travailler les peintres américains.
Sa production de l'époque montre des figures
mélancoliques aux tons sombres ou gris rose.
L'artiste accède peu à peu au succès.
Sa peinture devient bientôt héroïque et
tourmentée, mêlant l'huile au fusain, les cernes
noirs, nerveux, centrifuges, à des magmas de
couleurs sourdes. Les toiles, dont il gratte avec
acharnement la surface à la spatule, sont sans
cesse reprises ; son implication physique, son
goût pour l'accumulation, à l'échelle de l'atelier
comme du tableau (qui intègre des coupures
de papier journal), tout ceci arrive à point
nommé dans les années 1940. La critique d'art
américaine est en train d'échafauder la théorie
d'une nouvelle avant-garde : l'expressionnisme
abstrait. Sa force expressive trouva à
s'épancher à deux endroits. D'abord dans la
série à scandale des « Femmes », élaborée de
1938 à 1945, et retravaillée deux ans plus tard.
De Kooning y brosse violemment des modèles
féminins, plus concupiscents encore que chez
Picasso. À cette célèbre série s'ajoutent les
abstractions qualifiées parfois de « pastorales ».
Celles-là furent inspirées par les paysages que
traverse l'artiste, entre New York et Long Island,
île où il s'installa définitivement en 1963.
Là-bas, au bord de l'eau, le peintre se délectait
d'une atmosphère hollandaise qui devait
tempérer ses élans enfiévrés. Car, de son
propre aveu, « toutes ses images intérieures
venaient de la nature ». Les années 1970
montrent de manière encore plus évidente son
inclinaison au lyrisme sans plus de tropisme
expressionniste.

FRITZ WINTER

Altenbögge, Westphalie, 1905
– Herrsching (Immerses), Allemagne, 1976
→ **pp. 82-83**

Assez méconnu en France, Fritz Winter
fut l'un des peintres allemands les plus
importants de sa génération. Né d'un père
mineur originaire de Prusse orientale,
il vécut une enfance agitée, rythmée par
des déménagements répétés dans la Ruhr.
D'abord monteur électricien, il commence
à peindre et à dessiner en 1924. Durant la
crise économique, il travaille à la mine.
Un an plus tard, et fort d'un sacrifice
financier, il est accepté au Bauhaus de
Dessau, où ses maîtres sont Kandinsky et
Paul Klee. Sa carrière s'annonce prometteuse.
Il expose à Berlin, vend des œuvres aux
musées allemands (Breslau, Wuppertal,
Hambourg), se lie d'amitié avec le peintre
Ernst Ludwig Kirchner et Naum Gabo qu'il
assiste pour l'exécution de sculptures en
verre. Mais, en 1933, son nom figure sur la
liste des artistes « dégénérés ». Installé à
Diessen am Ammersee en 1935, il peint en
secret malgré l'interdiction nazie. Winter est
enrôlé sur le front polonais, puis russe ;
blessé à quatre reprises, fait prisonnier par
l'armée soviétique en 1945, il est finalement
déporté dans un camp de travail en Sibérie.
Que ce soit au camp ou à l'hôpital, Winter
n'a jamais cessé de dessiner — en témoigne
la série *Triebkräfte der Erde* (Les forces
élémentaires de la nature). Hélas, la plupart
des carnets d'esquisses ont disparu.
À sa libération, l'artiste revient au-devant de
la scène. Sous son égide est fondé à Munich
le groupe Zen 49, destiné à promouvoir les
peintres abstraits allemands parmi lesquels
Willi Baumeister, Rolf Cavael et Gerhard Fietz.
Hans Hartung participera d'ailleurs à leur
première exposition à titre d'invité. Sa production est caractéristique du courant informel
allemand (Emil Schumacher, Julius Bissier).
Vingt ans après ses toiles à prismes inspirées
vers 1934 de Klee, Winter peint d'un geste
net et impulsif des entrelacs noirs complexes,
barrés de grilles et de signes arachnéens.
Son lyrisme est aussi une impressionnante
réponse, comme chez Hartung, aux difficultés
et vicissitudes d'une existence de peintre
un long temps contrariée.

JEAN DEGOTTEX

Sathonay-Camp (Rhône), 1918
– Paris, 1988
→ **pp. 132-133**

Toute sa vie, Jean Degottex n'a eu qu'une seule
obsession : la recherche d'une formulation
du vide. Autodidacte, grand lecteur de poésie
(Mallarmé), c'est entre autres à un livre sur
le lavis chinois et à l'ouvrage d'Eugen Herrigel
intitulé *Le zen dans l'art chevaleresque du tir
à l'arc* — prêtés par André Breton — que le
peintre doit cette fascination. Ses premières
huiles expriment une urgence de peindre.
Le trait ne trahit aucun bégaiement, aucune
hésitation. Le pinceau semble effleurer la toile
tel un joueur d'escrime qui révèle, en la sabrant,
la plénitude de l'absence. On sait peu de choses
de la jeunesse de Degottex, sinon qu'il dessina
abondamment. En 1949, il est lancé par la
galerie Denise René, mais Jean Fournier sera
son principal marchand. En 1951, il obtient
le prix de peinture Kandinsky et se fait connaître
des surréalistes. À l'invitation de Charles
Estienne, Degottex séjourne en 1954 à Portsall,
en Bretagne. Il travaille à même le sable,
des galets aux quatre coins de la feuille.
Vent, gouttes d'eau et grains pénètrent ses lavis
d'encre rehaussés à l'aquarelle. Cette porosité
à la nature se confirme en 1966, à Gordes,
dans le Luberon, où Degottex travaille à partir
de ferrailles et de bois calcinés récupérés
de promenades. Celle-ci se réaffirmera en
mai 1968 : très engagé politiquement, Degottex
se rend sur les barricades et ramasse dans la
foulée les clous des rues dépavées (ils serviront
à racler la surface de nouvelles œuvres).
En 1963, la mort accidentelle de sa fille le
plonge dans l'impuissance créatrice.
L'expérience du néant commence alors à
modifier sa conception du vide. La valorisation
des termes concrets de la peinture (texture,
accrochage) vise à dépersonnaliser son travail.
Ainsi, en 1970, une installation de monochromes
blancs envahit les cimaises du musée d'Art
moderne (*Horspaces*). Degottex utilise des
matériaux de plus en plus industriels comme
l'Altuglas, le Perspex, la peinture vinylique.
Dorénavant, l'art est affaire de surface. En 1975,
par exemple, il arrache du mur dix-huit papiers
collés (*Papier-pleins*). Ses déchirures, éraflures,
pliures, découpages ont intéressé les peintres
du groupe Supports-Surfaces. À la fois
matiériste et spirituel, Jean Degottex aura su
créer des espaces métaphysiques avec
des moyens résolument rudimentaires dont
le lyrisme n'est, lui, jamais absent, tel un
remplissage invisible.

GEORGES MATHIEU

Bia (aujourd'hui Biatorbágy),
Hongrie, 1922 – Paris, 2008
→ **pp. 85 à 91**

Georges Mathieu est le fondateur de l'abstraction lyrique. Formé aux lettres classiques, au droit, et à la philosophie, il était en outre fort érudit en matière d'histoire et de langues étrangères. Son travail de peinture débute en 1942. Il rencontre le succès en 1947 au Salon des réalités nouvelles. Mathieu y envoie trois toiles, *Survivance, Conception, Désintégration*, deux autres au Salon des Surindépendants, *Exorcisme et Incantation*. Dans la revue *Combat*, Jean-José Marchand dit ces dernières « très lyriques, extrêmement émouvantes, capables […] de toucher le public bien qu'elles "ne représentent rien". » L'exposition « L'Imaginaire » à la galerie du Luxembourg, rue Gay-Lussac, signe le coup d'envoi officiel du mouvement. Mathieu y a réuni, entre autres, Camille Bryen, Hans Hartung, Jean-Michel Atlan, Wols et Jean-Paul Riopelle. Hartung fera encore partie du groupe reformé un an plus tard par la galeriste Colette Allendy. Doté d'un esprit prosélyte, Georges Mathieu déclare vouloir faire table rase de l'héritage gréco-romain et de « 40 000 ans d'activité artistique ». Il promeut une peinture abstraite basée sur l'improvisation gestuelle, dans laquelle « le signe précède la signification ». Il lui arrive de peindre en public, la rapidité d'exécution étant sa sacro-sainte valeur. En 1950 sont peintes les premières toiles « tachistes », c'est-à-dire sans souci de dessin et directement depuis le tube de couleur. C'est aussi l'époque où il commence à associer à ses grandes peintures des titres inspirés de l'Histoire de France (le peintre est ouvertement royaliste). Dans les années 1960 et 1970 sa notoriété est planétaire. De l'artiste médiatique il est passé à l'artiste officiel. On lui connaît maintes productions qui sont autant d'applications signalant sa popularité : affiches Air France, logo de la chaîne de télévision Antenne 2 ou pièce de 10 francs, timbre-poste et sigle de la déclaration des revenus, carton de tapisserie pour la manufacture des Gobelins, service d'assiettes pour celle de Sèvres… Cette surexposition s'adosse à pléthore de publications après *Au-delà du tachisme* en 1963, des entretiens à la radio, dans la presse et à la télévision, et une dénonciation sans relâche de la politique culturelle de Jack Lang au cours de la décennie 1980. Du lyrisme de Mathieu, on préférera l'expérience de perception des toiles des années 1950 et leur extraordinaire pertinence visuelle aux excès de certaines déclarations programmatiques.

SIMON HANTAÏ

Bia (aujourd'hui Biatorbágy),
Hongrie, 1922 – Paris, 2008
→ **pp. 92 à 94**

Issu d'une famille souabe, Simon Hantaï quitte sa Hongrie natale en 1948 pour Paris, où il gagne sa vie en fabriquant des modèles textiles. De 1951 à 1954, il appartient au groupe surréaliste et peint des « êtres fabuleux », comme les nomme André Breton. En vérité, Hantaï est davantage attiré par les techniques qui s'intéressent au support même : pochoir, découpage, grattage, frottage, collage et décalcomanie (transfert sur papier-calque). Ses œuvres abstraites reprennent l'effet *all over* de Jackson Pollock, artiste avec lequel il exposa en 1951 à la galerie Nina Dausset, aux côtés de Hans Hartung et de Georges Mathieu (« *Véhémences confrontées* »). Quatre années plus tard, il exécute *Sexe-Prime*, « un après-midi de fascinations érotiques ». La toile, haute de deux mètres, large de cinq, a été raclée au moyen d'un réveille-matin, de sorte à former des volutes. Cette trame touffue anticipe *Écriture rose* (1958-1959), une graphie illisible, exécutée sur un an, à partir de textes liturgiques et philosophiques. Mais la grande invention de Hantaï reste les « pliages », démarrés en 1960. La toile, libre de tout châssis, est pliée au sol, badigeonnée ensuite de peinture. Son dépliage révèle dès lors un champ optique troué : les parties peintes cohabitent avec les parties laissées en réserve. Hantaï peint à l'aveugle, puisque le résultat n'est vu qu'après coup. Cette trouvaille semble tirer parti des papiers découpés de Matisse, aux blancs fort lumineux autant que des *drippings* de Pollock, riches en entrelacs visuels. Décliné en séries, des *Mariales* aux dernières *Tabulas* de 1982, le procédé des pliages fut une référence pour la jeune génération de peintres, à commencer par le groupe BMPT fondé en 1966 par Buren, Mosset, Parmentier et Toroni. Esthétiquement, la taille des formats et le foisonnement des motifs entraînent les pliages vers des contrées lyriques qu'il fut un des premiers à magnifier au milieu des années 1950.

SHIRLEY JAFFE

Elizabeth (New Jersey),
États-Unis, 1923 – Louveciennes, 2016
→ **p. 180-181**

Shirley Jaffe est une figure très à part de l'abstraction dite « gestuelle ». Installée à Paris dans les années 1950, elle fréquentait d'autres artistes émigrés, tels que Jean-Paul Riopelle, Joan Mitchell et Simon Hantaï, dont les carrières allaient bientôt s'envoler. Le succès mitigé de Jaffe s'explique par sa position différente au sein de la tendance. Alors que ses pairs défendent en art une expressivité nerveuse, Shirley Jaffe choisit d'« arranger » sa peinture. La composition est pour elle essentielle. Ni marques de pinceau, ni effets de matière ne caractérisent la surface. Le geste, soigné et maîtrisé, fait naître un carnaval de formes colorées et homogènes à base de zigzags, barres, circonvolutions ou trapèzes. Ces plages de couleurs locales sont dessinées ou bien peintes par aplats (remplies de façon homogène). Et leurs jeux d'enchevêtrement compliquent la perception de la profondeur. Pareille peinture s'inscrit dans la postérité des illustres gouaches découpées de Matisse, tout en se démarquant aussi du *hard edge* américain d'un Ellsworth Kelly ou d'un Jack Youngerman. À partir de 1977, année qui inaugure la commande de décorations murales, Jaffe accentue la libération des formes sur fond blanc, celles-ci étant griffonnées au préalable sur des feuilles de papier vierge. On ne peut pas pour autant la qualifier d'abstraite géométrique. C'est d'ailleurs la galerie Jean Fournier, fer de lance de l'art informel, qui jadis la représentait à Paris. Son premier accrochage personnel à la galerie ne remonte toutefois qu'à 1966 et, durant des années, la Suisse, alors l'une des scènes d'exposition les plus innovantes en Europe, l'exposa avec constance et intuition (dès 1959, à Berne). Si les années 1990 ont attiré une large attention sur son travail, la critique rechigne toujours à l'associer au lyrisme, au motif d'une spontanéité absente. Pourtant, le déploiement quasi baroque de la géométrie et son chromatisme explosif se rapprochent de l'implication d'un « peintre lyrique ». Un qualificatif auquel l'artiste elle-même n'est pas réfractaire.

CY TWOMBLY

Lexington (Virginie), États-Unis, 1928
– Rome, Italie, 2011
→ **pp. 135-138**

Artiste majeur de l'après-guerre, Cy Twombly a marqué sa génération par son style calligraphique à l'expression infantile recherchée. Formé à Boston, New York, puis au Black Mountain College d'Asheville (Caroline du Nord), le peintre abstrait s'est forgé une culture classique informée de la modernité européenne. Dada, Kurt Schwitters, Jean Dubuffet, Alberto Giacometti comptent parmi ses références. Cy Twombly n'a cessé de voyager entre les États-Unis et l'Italie, notamment à Rome où il exposa dès 1958 et vécut par intermittence à partir des années 1960. Si l'iconographie gréco-romaine a joué un rôle dans son évolution lyrique, Twombly emprunta cette voie dès ses débuts. En 1959, il associe la technique à l'huile à un graphisme « brouillon » d'exécution rapide, qui n'est pas sans évoquer l'écriture « automatique » des surréalistes : le dessin s'effectuait les yeux fermés, afin de libérer les pulsions de l'inconscient. Pour Twombly, peindre suppose une crise intense. Sur la toile, la figuration n'existe qu'à l'état résiduel de croix, de cercles et autres signes élémentaires. L'Italie ne manqua pas d'attribuer ce style sténographique à l'influence des graffitis ornant les monuments romains. En 1960, Twombly fait honneur à la légendaire démesure picturale américaine. *The Age of Alexandre* est une composition hors de portée du pinceau en hauteur. Elle annonce les dix pans monumentaux et tout aussi épiques d'une fresque sur la guerre de Troie, *Fifty Days at Iliam* (1977-1978). L'art de Twombly oscille entre une abstraction sensuelle faite de coulures, d'empâtements et d'auréoles claires — le blanc, au symbolisme mallarméen, incarne à ses yeux une « zone néo-romantique du souvenir » — et des toiles à fond noir ou gris strictement cursives. En 1971, les travaux de Hans Hartung côtoyaient ceux de Twombly à l'exposition italienne *L'Aspetti dell'Informale* (Pinacothèque de Bari) rassemblant aussi Jackson Pollock, Fautrier et Dubuffet. Cy Twombly, qui visita plusieurs fois des expositions consacrées à Hartung, est sans conteste l'artiste pour qui le vocable lyrique a été un ami de tous les jours, associé à cette indéniable fréquentation poétique du monde présent et passé qui l'anime.

HELEN FRANKENTHALER

New York, États-Unis, 1928
– Darien (Connecticut), États-Unis, 2011
→ **p. 131**

Helen Frankenthaler est la plus importante artiste femme de l'expressionnisme abstrait que dominent les figures masculines de Jackson Pollock ou Willem de Kooning. En 1950, elle participe au coup d'envoi du mouvement en exposant dans *New Talent* à la Kootz Gallery de New York. Sa peinture devient légendaire en 1952. Cette année-là, Frankenthaler innove avec une technique de son cru : dans de gros pots de café vides est mélangée une mixture de laques avec de la térébenthine, du kérosène et de la peinture à l'huile (l'artiste passera à l'acrylique en 1962). La toile (en coton fin) n'est pas apprêtée et seules des lignes de fusain y ont été tracées comme repères. Ce maigre dessin s'avère superflu aussitôt la préparation déversée sur la toile, avec l'aide occasionnelle de larges brosses. Frankenthaler vient de réaliser *Moutains and Sea*. Diluées de la sorte, les couleurs sont absorbées et laissent apparaître de larges taches — le format est de 2 x 3 m — diaphanes, aérées, lumineuses qui n'ont plus rien de la matière plus « visqueuse » de Pollock. Cette façon de magnifier la fragilité d'une apparente aquarelle a fasciné la critique et influencé Morris Louis et Kenneth Noland, initiateurs du *Color Field*, un genre de peinture mettant en scène la fluidité et l'étendue colorée. Frankenthaler était au demeurant fort bien intégrée au groupe new-yorkais expressionniste, mariée dès 1958 à Robert Motherwell. Férue de voyages, elle fut très tôt représentée en Europe, décrochant le premier prix de la Biennale de Paris inaugurée en 1959. Helen Frankenthaler connaît sa première rétrospective en 1989 au Museum of Modern Art de New York. Son empathie lyrique nous offre des sonorités discrètes dans le concert triomphant du nouveau monde pictural que construit l'expressionnisme abstrait.

SIGMAR POLKE

Oels, Allemagne
(aujourd'hui Olenica en Pologne), 1941
– Cologne, Allemagne, 2010
→ **p. 183**

Apprenti verrier, Sigmar Polke entre en 1961 aux Beaux-Arts de Dusseldorf. Il a pour enseignant l'artiste Fluxus Joseph Beuys qui déconseille à ses étudiants de peindre. Marqué par la personnalité de Beuys mais sourd à cette prescription, Polke choisit de revisiter toutes les conventions du médium pictural. En 1963, il fonde avec Gerhard Richter et Konrad Lueg (Fischer de son vrai nom) le « réalisme capitaliste ». L'appellation est une réponse ironique au *pop art* américain comme aux peintres figuratifs de l'Est, les réalistes socialistes. Face au consumérisme triomphant, il utilise l'abstraction pour contrer l'inflation des images médiatiques. Taches et coulures sabotent la contemplation de figures pillées sur des photoreportages, des gravures et des bandes dessinées. Son procédé le plus symptomatique consista à recopier au pinceau, point par point, les trames de clichés modernes, afin d'en démentir le réalisme. Ce geste n'était en rien nihiliste. Polke célébrait plutôt la régénération perpétuelle de la peinture, trop rapidement mise au ban par ses contemporains. L'initiation aux psychotropes ainsi que des voyages en Italie, où Polke découvre Giotto à Padoue, Pompéi, la couleur pourpre des fresques, et par la suite en Asie, en Nouvelle-Zélande, en Afghanistan et au Pakistan, ont nourri en vrac son imaginaire. Polke aimait à réactualiser l'Histoire pour en dénoncer les idéologies — durant la chute du Mur de Berlin, il peint une série sur la Révolution française (1988-1990). Mais son universalisme s'exprime surtout plastiquement. Pareil à un alchimiste, au péril de sa vie puisqu'il sera victime d'un cancer lié aux substances qu'il utilise pour peindre, il travaille les laques, les pigments purs, l'aluminium, le potassium, le méthanol, la poudre d'arsenic et d'oxyde d'argent, le mercure et l'uranium. La toile peut être poncée, promise à la rouille, astreinte à sécher indéfiniment, tourmentée au revers. L'ésotérisme, la magie noire et autres lubies poétiques (préparation à base de lapis-lazuli) concèdent à cette peinture des accents éminemment lyriques. L'extraordinaire générosité formelle de l'artiste, son inventivité, sa capacité à démonter tous les pouvoirs établis sont le signe d'un lyrisme jouissif et de partage d'une célébration des « esprits supérieurs ».

GÉRARD TRAQUANDI

Marseille, 1952
→ **p. 187**

Bien que diplômé des Beaux-Arts de Marseille, Gérard Traquandi a résisté à la pensée académique, aussi contemporaine soit-elle. Issus du groupe Supports-Surfaces (1969-1972), ses professeurs appelaient à la déconstruction de la peinture, mais Traquandi, lui, ne pensait qu'à la reconstruire. Son premier choc esthétique est à chercher du côté de Chaïm Soutine, ainsi que de Max Beckmann, George Grosz, Otto Dix et d'autres artistes de la nouvelle objectivité germanique.
En dehors de la production de gravures et collages, il peint sur le motif dans les genres du portrait, du paysage et de la nature morte. Néanmoins, ce projet n'est figuratif qu'en apparence sachant que Traquandi, réfractaire à l'anecdote autant qu'au réalisme, ne prélève dans la nature que des sensations physiques (*Plante fond bleu*, 1996). Au milieu des années 1990, et dans une tradition dix-neuvièmiste, il réalise des tirages résino-pigmentaires à partir de clichés pris lors de promenades. Ce randonneur invétéré s'adonne à de longues immersions dans les massifs alpins, du Queyras ou de La Grave. La montagne lui a inspiré des toiles remarquées. Ces abstractions cherchent à imiter le minéral et le végétal par la couleur ; vert menthe, bleu pétrole, bistre, jaune moutarde. Le ciel, les rocs et la terre réussissent à « tenir debout » (Traquandi), sans que ne soit sacrifiée l'évanescence éthérée des lieux (l'huile ressemble à de l'aquarelle). À l'instar de son aîné Pierre Tal Coat, Gérard Traquandi est à ce jour une référence pour la peinture française contemporaine.
Son attirance lyrique s'incarne en particulier dans une implication active de la lumière pour amener jusqu'au jour toute une complexité de vibrations.

ALBERT OEHLEN

Krefeld,
Rhénanie-du-Nord-Westphalie, 1954
→ **pp. 184-185**

Né d'un père illustrateur, Albert Oehlen appartient à la troisième génération des peintres allemands de l'après-guerre qui suivait Georg Baselitz, Gerhard Richter et Sigmar Polke, artiste dont il fut l'étudiant en 1978 avec Martin Kippenberger aux Beaux-Arts de Hambourg. Oehlen est en prise avec deux héritages, d'une part le « réalisme capitaliste » de Polke et de Richter, un *pop art* version allemande qui portait un regard critique sur l'américanisation du pays et, d'autre part, l'art de Willem de Kooning : ses qualités d'*action painter*, ses coloris sales et la trituration de la matière (avec les doigts) fascinaient le néophyte. À la façon d'un Christopher Wool, Oehlen amplifie, exacerbe le geste, et le distord en intégrant des collages numériques.
La palette est souvent tumultueuse, l'imagerie peut être dalinienne et le tracé épouse des sinuosités empathiques. Oehlen s'est donné pour tâche originale de « peindre volontairement mal », injonction paradoxale qui transforme en contrainte l'obtention d'une « *bad painting* », pour parodier un courant de peinture actif dans les années 1980. Pour ce faire, l'artiste mélange l'huile et la laque, varie les temps de séchage, s'oblige à brosser dix fois de bas en haut une surface peinte en rouge. Tel fut le procédé des *Grey Paintings* qui exploitait une idée « idiote » (Oehlen) : la ressemblance du coup de pinceau de Richter avec le flou bougé de Photoshop. Les coloris fangeux, ternes, comme le dessin maladroit sont autant de réminiscences grotesques de la tendance allemande à l'expressionnisme — une peinture torturée, déjà *bad*, à en croire Oehlen. En 1998, il configure ses premières affiches : des collages à l'ordinateur faits de graphismes, de *scans* à partir de photos ou de photos numériques. Ainsi le jet d'encre, couplé à la couleur acrylique, instaure sur le support l'équivalent pictural d'un feu d'artifice. Une version *high-tech*, mais paradoxalement au plus haut point de la peinture action et dont l'« éloge de la fuite » est en soi lyrique.

CHRISTOPHER WOOL

Chicago (Illinois), États-Unis, 1955
→ **p. 134**

Christopher Wool émerge sur la scène new-yorkaise dans les années 1980. Imprégné d'images de la rue et de culture urbaine, de musique punk et de cinéma expérimental (*New Cinema*), Wool tire de ce bagage impur une stratégie de « prise en compte ». Il s'agit pour lui de percer une voie intermédiaire entre la grande peinture des années 1950, obsédée par le souvenir grandiose des *drippings* de Jackson Pollock (éclaboussures) et le *pop art* des années 1960, une esthétique plutôt froide et anti-expressive, au rendu industriel et à l'iconographie populaire. La peinture de Wool, presque toujours noir et blanc, relève d'une savante combinaison de procédés, artisanaux et technologiques, où se disputent le geste et l'image. L'artiste a quasi systématiquement recours à la sérigraphie. Il retouche sur Photoshop l'échelle et la luminosité de photographies noir et blanc, puis les reporte sur la toile, et ainsi débute l'épopée : Wool macule l'ensemble de peinture à l'émail selon un répertoire de gestes très variés : coups de brosse décontractés, projection au pistolet, coulures, empâtements. La mise en abîme du *dripping* a pu laisser place à des compositions au pochoir (1986), où des motifs banals de trèfles, points ou fleurs sont répétés en mode *all over* (sur toute la surface), sans investissement narratif, à la façon des froides et mécaniques sérigraphies d'Andy Warhol. Si le geste détruit l'image, l'image triomphe sur le geste puisque le gribouillage dont il est l'objet l'apparente à un vulgaire graffiti, lequel, par contraste, esthétise du coup terriblement les éclaboussures de Pollock. Le contenu de ses photographies (le rapprochant d'un Hartung qui enregistre sans cesse par ce médium des éléments réels pour en réifier l'étrangeté) tend à brouiller les frontières avec le pictural : on y voit taches d'huile, poubelle renversée, voiture détruite… Tout agit à chosifier la composition, travaillée entre action dionysiaque et pulsion morbide. C'est finalement au moyen lyrique de la surenchère que Wool parvient à ruiner les fondements de l'image et à réenchanter la présence du tableau.

YVES ZURSTRASSEN
Verviers, Belgique, 1959
→ **p. 189**

Issu d'une famille de lainiers, Yves Zurstrassen a arrêté ses études pour suivre sa vocation d'artiste. Spontanément venu à la peinture abstraite, il organise sa première exposition en 1979 dans un hangar de Bruxelles et y vend quarante toiles. De 1981 à 1983, il s'installe à la chartreuse de la Verne, dans le Var, puis en Andalousie, près de Malaga, jusqu'en 1985. Depuis son retour à Bruxelles, sa peinture persévère dans une approche à la fois systémique et gestuelle. Par ses effusions chromatiques, cette « nouvelle abstraction », comme on a pu la qualifier, se souvient des élans de l'abstraction lyrique. Dans les années 2000, il introduit une première mise à distance par l'usage d'un procédé d'arrachage (« décollages ») dont l'intensité du geste est visible à l'irrégularité des bords. Souvent le fond et la forme se confondent au gré des combinaisons de textures et superpositions de couches. Ces dernières années, Zurstrassen, bien que travaillant seul, a poussé plus loin le curseur de l'« atelier baroque » en employant une technique personnelle de pochoir. Il s'est constitué un répertoire d'ornements divers — plaque de soupirail, toile mauresque d'un palais de Grenade, papier peint floral d'un hôtel londonien — qu'il fait ensuite imprimer par ordinateur à l'aide d'une machine paramétrée par ses soins. Une fois les pochoirs imprimés, Zurstrassen les intègre à la toile, il les peint et ne les retire qu'après une longue phase de séchage. Ses tableaux, foncièrement visuels, jouent des effets de positif-négatif (blanc sur noir, noir sur blanc), des irruptions colorées, des échelles micro et macroscopiques, d'un vocabulaire qui peut renvoyer à la génétique et à la biologie. Travaillant dans un grand atelier à Bruxelles, son exploration des diversités, au son du jazz le plus libre, le conduit à s'inventer en toute indépendance un écosystème lyrique ou plutôt des lyrismes.

CHARLINE VON HEYL
Mayence, Allemagne, 1960
→ **p. 186**

Charline von Heyl vit et travaille à New York depuis 1996. Sa carrière débute en Allemagne alors que domine la peinture de Sigmar Polke, de Markus Lüpertz et de Georg Baselitz, pour citer quelques noms, tous représentés à la galerie berlinoise Michael Werner. Von Heyl se sent proche de la génération des Martin Kippenberger et d'Albert Oehlen, qui a soumis la peinture à un éclatement des styles et des médiums. Elle procède à des exercices formels sur les thèses du modernisme (la grille, le *all over*) et ses avatars postmodernes (*patterns* tirés de l'*op art*, iconographie pop ou de *subculture*). L'hybridation des registres aboutit chez elle à une forme de syncrétisme ambigu, partagé entre l'ironie de l'appropriation et l'évidence du premier degré. C'est que Charline von Heyl retourne la question qui a hanté les peintres avant-gardistes du XXᵉ siècle : non plus à quel moment la peinture devient-elle décorative, mais quand cesse-t-elle de l'être ? Afin d'échapper à cette impasse, les formes sont distordues par l'effacement, le grattage, la coulure, l'accumulation, l'anarchie du recouvrement, pour mieux les décomplexer. Chaque tableau efface le précédent, comme sur une ardoise magique. Sa peinture est en quelque sorte un patchwork de patchworks. Chez elle, la récupération de modèles, toujours virtuose et vertigineuse, aime à se porter sur des esthétiques foncièrement décoratives, comme celle des textiles de l'art Kuba congolais ou de l'art nouveau allemand (*Jugendstil*). Si Charline von Heyl rejette toute figuration, son abstraction témoigne cependant d'un goût sincère pour le lyrisme psychologique et la relation sentimentale au spectateur.

JOE BRADLEY
Kittery (Maine), États-Unis, 1975
→ **p. 188**

Joe Bradley vit et travaille à New York depuis 2000. Le Museum of Modern Art a acquis l'une de ses toiles en 2006 (*Strut*). Il a fait ses études à la Rhode Island School of Design de Providence sous la coupe de Dike Blair, un artiste qui réalise des installations et des peintures photoréalistes. Si Bradley a pu lui-même expérimenter la sculpture en installation, il se concentre aujourd'hui sur le dessin et la peinture. Loin de résister aux héritages américains, du reste incontournables pour un artiste vivant à New York, il accueille volontiers leurs fantômes. À la Whitney Biennial qui le lance en 2008, il accroche une suite modulaire de toiles rectangulaires, monochromes aux couleurs stridentes, agencées de façon anthropomorphique, comme un souvenir dévoyé de l'art minimal. Son autre série à succès s'intitule *Schmagoo Paintings*. D'un style radicalement différent, les surfaces sont peuplées de signes archaïsants tels que croix, poisson, bâton, zigzag, sigle de Superman. Autant de pictogrammes issus de la signalétique ou des *comics* qu'on retrouve sur de grandes huiles sur toiles (souvent plusieurs morceaux cousus ensemble), s'amalgamant à des effusions noires ou de couleurs, dans la descendance évidente de l'expressionnisme abstrait américain, même si sa connaissance de l'art européen est réelle. En 2014, le Consortium de Dijon confrontait un magnifique ensemble de peintures des dix dernières années avec une trentaine de dessins. La « mécanique » lyrique de l'artiste se fonde sur l'exacerbation d'une dimension prosaïque : salissures, toiles de jute ou bas de gamme, cabossages de taches.

Orientations bibliographiques

Propos de l'artiste

Hans Hartung, *Autoportrait*, Paris, Grasset, 1976 [réédition scientifique en cours]

Ouvrages monographiques

Ottomar Domnick, Madeleine Rousseau, James Johnson Sweeney, *Hans Hartung*, Stuttgart, Domnick Verlag, 1949

Werner Schmalenbach, *Hans Hartung*, Hanovre, Kestner-Gesellschaft, 1957

Roger van Gindertael, *Hans Hartung*, Paris, Pierre Tisné, 1960

Dominique Aubier, *Hartung*, Paris, Le Musée de Poche, 1961

Will Grohmann, *Hans Hartung. Aquarelle 1922*, Saint-Gall, Erker, 1966

Umbro Apollonio, *Hans Hartung*, Paris, O. D. E. G. E., 1967

Bernard Dorival, *Hartung*, Paris, Musée national d'art moderne, 1969

Henry Geldzahler, *Hans Hartung, Paintings 1971-1975*, New York, The Metropolitan Museum of Art, 1975

Pierre Descargues, *Hans Hartung*, Paris, Cercle d'Art, 1977

Daniel Abadie, André Berne-Joffroy, *Hartung, Œuvres de 1922 à 1939*, Paris, Musée d'art moderne de la ville de Paris, 1980

Pierre Daix, *Hans Hartung, Grands Formats 1971-1984*, Paris, Association pour la promotion des arts à l'hôtel de ville de Paris, 1985

Pierre Daix, *Hans Hartung*, Milan, Bordas/Gervis, 1991

Collectif, *Hans Hartung, Peintre moderne*, Milan, Skira, 1996

Jennifer Mundy, *Hans Hartung, Works on paper 1922-56*, Londres, Tate Gallery, 1996

Franz-W. Kaiser, Anne Pontégnie, Vicente Todoli, *Hartung x 3*, Angers, Expressions contemporaines, 2003

Maurizio Calvesi, *Hans Hartung*, Milan, Skira, 2005

Annie Claustres, *Hans Hartung, Les aléas d'une réception*, Dijon, Les presses du réel, 2005

Collectif, *Hartung, 10 perspectives*, Milan, 5 Continents, 2006

Amnon Barzel, Cristiano Isnardi, *Au commencement était la foudre*, Milan, 5 Continents, 2006

Collectif, *Hans Hartung, Spontanes Kalkül*, Bielefeld/Leipzig, 2007

Collectif, *Hans Hartung : le geste et la méthode*, Saint-Paul-de-Vence, Fondation Marguerite et Aimé Maeght, 2008

Fabrice Hergott (dir.), *Beau Geste – Hans Hartung, peintre et légionnaire*, Paris, Gallimard, 2016

De la reconnaissance après guerre à la consécration critique (1946-1959)

Léon Degand, « Tendances des Jeunes », *Les Lettres Françaises*, Paris, 14 juin 1946

Léon Degand, « Jean Hartung », *Juin*, Paris, 3 décembre 1946

Léon Degand, « Les arts. Droits et devoirs », *Les Lettres Françaises*, Paris, 21 mars 1947

Jean-José Marchand, « Réflexions à propos de l'exposition surréaliste et des "réalités nouvelles" », *Paru. L'actualité littéraire intellectuelle et artistique*, Paris, septembre 1947, n° 34

Jean-José Marchand, « Un néo-abstractiviste : Hans Hartung », *Combat*, Paris, 7 septembre 1947

Jean-José Marchand, « Les expositions », *Paru. L'actualité littéraire intellectuelle et artistique*, Paris, juin 1948, n° 43

Denys Chevalier, « Petit dictionnaire des artistes contemporains. Hans Hartung », *Arts*, Paris, 31 décembre 1948

Madeleine Rousseau, « Hans Hartung », *Cahiers d'art*, Paris, n° 2, 1949

Charles Estienne et Léon Degand, « Hartung, Un style de l'expressif pur », *Art d'aujourd'hui, Revue mensuelle d'art contemporain*, Paris, série 2, n° 4, mars 1951

Léon Degand, « La querelle du chaud et du froid », *Art d'aujourd'hui, Revue d'art contemporain*, Paris, série 4, n° 1, janvier 1953

René De Solier, « Hans Hartung », *Quadrum, Revue internationale d'art moderne*, Bruxelles, novembre 1956

Roger van Gindertael, « Hans Hartung », *Vingtième Siècle*, Paris, n° 7, juin 1956

Roger van Gindertael, « Hans Hartung », *Cimaise*, Paris, n° 1, septembre-octobre 1956

Pierre Restany, « Le cas Hartung », *Prisme des arts, Revue internationale d'art contemporain*, Paris, Les éditions d'art et d'industrie, n° 6, novembre 1956

Léon Degand, « Hartung », *Art d'aujourd'hui, Art et architecture*, Paris, n° 11, janvier 1957

André Verdet, « Hans Hartung, Lyrique de l'abstraction », *Le Patriote de Nice et du Sud-Est*, Nice, 24 juillet 1959

Du tournant « nuagiste » à la période ultime (1960-1989)

Michel Ragon, « Hans Hartung », *Cimaise*, Paris, n° 50, octobre-novembre-décembre 1960

Roger van Gindertael, « La poétique de Hartung », *Jardin des Arts*, Paris, n° 72, octobre 1960

Roger van Gindertael, « L'art exemplaire de Hartung », *Vingtième Siècle*, Paris, n° 19, juin 1962

François Pluchart, « De Hartung à Mathieu : vers une peinture informelle », *Combat*, Paris, 24 août 1962

Roger van Gindertael, « Hartung, aujourd'hui », *Quadrum, Revue internationale d'art moderne*, Bruxelles, 1963

François Pluchart, « Trente aquarelles qui situent Hartung au niveau de Kandinsky », *Combat*, Paris, 7 février 1966

Pierre Descargues, « Évolution de Hartung », *Vingtième Siècle*, Paris, n° 31, décembre 1968

Pierre Descargues, « Hans Hartung », *Cimaise*, Paris, n° 90, janvier-février-mars 1969

Michel Ragon, « Hans Hartung ou le lyrisme dans l'abstraction », *Jardin des Arts*, Paris, n° 194, janvier 1971

André Verdet, « Éblouissement de Hans Hartung », *Vingtième Siècle*, Paris, n° 37, décembre 1971

Michel Ragon, « Hartung et l'architecture », *Cimaise*, numéros spécial Hartung, Paris, n°s 119-120-121, septembre-octobre-novembre-décembre 1974

François Pluchart, « Un geste vers l'absolu – Entretien avec Hans Hartung », *ArTitudes international*, Saint-Jeannet, quatrième année, n°s 15-17, octobre-décembre 1974

Alain Jouffroy, « Les idéogrammes de la fureur – conversation de Hans Hartung avec Alain Jouffroy », *Opus International*, Paris, n° 54, janvier 1975

Alain Jouffroy, « Hartung et la lumière mentale », *Opus International*, Paris, n° 54, janvier 1975

Daniel Cordier, « Hartung au Metropolitan », *Vingtième Siècle*, Paris, n° 47, décembre 1976

Werner Haftmann, « La métamorphose des formes dans l'œuvre de Hartung », *ArTitudes International*, Saint-Jeannet, sixième année, n°s 39-44, avril-novembre 1977

Pierre Daix, « Hans Hartung, une abstraction sans précédent », *Art Press*, Paris, septembre 1985

Entretien de Hartung avec Henri-François Debailleux, « L'art selon Hartung », *Libération*, Paris, 18 août 1988

Sur la question du « lyrisme », du « tachisme » et de l'« informel »

Cat. *L'Imaginaire*, Galerie du Luxembourg, Paris, 1947-1948

Cat. *H. W. P. S. M. T. B.*, Galerie Colette Allendy, Paris, 1948

Cat. *Véhémences confrontées*, Galerie Nina Dausset, Paris, 1951

Michel Tapié, *Un art autre. Où il s'agit de nouveaux dévidages du réel*, Paris, Gabriel-Giraud et Fils, 1952

Charles Estienne, « L'art abstrait, le tachisme et l'obsession du vide », *Combat*, Paris, 3 mars 1958

Roger van Gindertael, « Quelles sont les origines de l'art informel ? », *Les Beaux-Arts*, Bruxelles, 10 octobre 1958

Pierre Restany, *Lyrisme et abstraction*, Milan, éditions Apollinaire, 1960

Jean Paulhan, *Art informel (éloge)*, Paris, Gallimard, 1962

Georges Mathieu, *Au-delà du tachisme*, Paris, René Julliard, 1963

Yve-Alain Bois, Rosalind Krauss, *L'informe – mode d'emploi*, Paris, éditions du Centre Pompidou, 1996

Jean-Michel Maulpoix, *Du lyrisme*, Paris, José Corti, 2000

Collectif, *Action painting*, Bâle, Fondation Beyeler, 2008

Éric de Chassey et Éveline Notter (dir), *Les sujets de l'abstraction*, Milan, 5 Continents éditions, 2011

Archives de la Fondation Hartung-Bergman

La Fondation Hartung-Bergman — sise au 173, chemin du Valbosquet à Antibes — possède, en plus de son fonds d'œuvres, un fonds d'archives exceptionnel comprenant la correspondance personnelle et professionnelle de Hans Hartung, ses catalogues d'expositions (monographiques ou collectives) et de très nombreuses revues et coupures de presse. Précisons que Hans Hartung s'est abonné à l'Argus de la presse pour recevoir tous les articles faisant mention de son nom dès 1946. La fondation l'est encore à ce jour. Il est possible aux chercheurs de venir consulter sur place ce fonds d'archives, moyennant une prise de rendez-vous. Toutes les informations se trouvent sur le site : **www.fondationhartungbergman.fr**

Remerciements

Ce projet n'aurait pu voir le jour et être présenté au Fonds Hélène & Édouard Leclerc pour la Culture sans la précieuse et fructueuse collaboration du centre d'art contemporain Le Consortium (Dijon) et de la Fondation Hartung-Bergman (Antibes). Tous nos chaleureux remerciements pour la conception de cette exposition et de l'ouvrage qui l'accompagne vont à Xavier Douroux, son commissaire, et à Thomas Schlesser, Bernard Derderian et Elsa Hougue.

Michel-Édouard Leclerc et Marie-Pierre Bathany remercient sincèrement toutes les personnes qui ont permis l'aboutissement de ce travail ; qu'elles trouvent ici l'expression de leur gratitude :

Le Consortium, Xavier Douroux, Franck Gautherot, Éric Troncy, Irène Bony, Géraldine Minet.

Les membres du conseil d'administration de la Fondation Hartung-Bergman présidé par Daniel Malingre. Thomas Schlesser, directeur de la Fondation Hartung-Bergman, Bernard Derderian, Jean-Luc Uro et Hervé Coste de Champeron, experts de l'œuvre de Hans Hartung, Elsa Hougue, Roland Massenhove.

Les institutions, les collectionneurs et les artistes qui nous ont confié des œuvres majeures et qui nous témoignent ainsi de leur confiance : La Fondation Hartung-Bergman d'Antibes, en tout premier lieu, grâce à laquelle nous avons pu réunir un ensemble exceptionnel d'œuvres de Hans Hartung. Fondation Gandur pour l'Art, Jean-Claude Gandur, son président, et Eveline Notter, conservatrice ; Museum für Gegenwartskunst, Siegen, Barbara Lambrecht Schadeberg, Eva Schmidt, directrice, Prof. Dr. Christian Spies ; Elizabeth Frankenthaler Foundation, New York, Elizabeth Smith ; Galerie Max Hetzler, Berlin ; Art of Writing Collection, Christian Boehringer, Thomas Kellein ; Galerie Greta Meert, Bruxelles ; Galerie Catherine Issert, Saint-Paul-de-Vence ; Almine Rech Gallery, Paris-Bruxelles ; la Galerie Gisela Capitain, Cologne ; Dominique et Didier Guyot ; Vy et Philip Doan ; Madame et Monsieur de Bruin-Heijn ; Yves Zurstrassen.

Les auteurs du catalogue : Juliette Evezard, Judicaël Lavrador et Pauline Mari.

Et pour leur soutien indéfectible : Les administrateurs très actifs du Fonds, Muriel Bigard, Olivier Bordais, Karine Jaud, Christian Patoureau, Michel Penn, Élisabeth Taillandier, Alain Tournier, Gérard Vilaine.

Et aussi, Patrick Leclerc, Maire de Landerneau, les Services techniques et le Service du Patrimoine et de la Culture de la Ville.

Les administrateurs du Fonds Hélène & Édouard Leclerc pour la Culture assurent de leur profonde et sincère reconnaissance l'ensemble des généreux donateurs et les mécènes Arkéa / banque privée / banque entreprises et institutionnels / Suravenir et Indosuez private banking pour le soutien déterminant apporté au Fonds et à cette exposition.